本丛书为北京市社会科学理论著作
出版基金重点资助项目

丛书主编

袁行霈　严文明　张传玺　楼宇烈

丛书编辑委员会

袁行霈　严文明　张传玺　楼宇烈　李　零
王邦维　邓小南　刘勇强　吴同瑞

中华文明史普及读本

辉煌与成熟
隋唐至明中叶的物质文明

张帆 编著

图书在版编目（CIP）数据

辉煌与成熟：隋唐至明中叶的物质文明／张帆编著.
—北京：北京大学出版社，2009.1
（中华文明史普及读本）
ISBN 978-7-301-14220-2

I.辉… II.张… III.物质文明－文化史－中国－隋唐时代～明代－普及读物 IV.K240.3-49

中国版本图书馆 CIP 数据核字（2008）第 136495 号

书　　　　名：	辉煌与成熟——隋唐至明中叶的物质文明
著作责任者：	张帆　编著
责 任 编 辑：	刘方
标 准 书 号：	ISBN 978-7-301-14220-2/k・0545
出 版 发 行：	北京大学出版社
地　　　　址：	北京市海淀区成府路 205 号　100871
网　　　　址：	http://www.pup.cn　电子邮箱：pkuwsz@yahoo.com.cn
电　　　　话：	邮购部 62752015　发行部 62750672　出版部 62754962
	编辑部 62752025
封 面 设 计：	奇文云海
版 式 设 计：	河上图文
印　　刷　者：	北京宏伟双华印刷有限公司
经　　销　者：	新华书店
开　　　　本：	650mm×980mm　16 开本　13.75 印张　145 千字
版　　　　次：	2009 年 1 月第 1 版　2010 年 4 月第 2 次印刷
定　　　　价：	25.00 元

未经许可，不得以任何方式复制或抄袭本书之部分或全部内容。
版权所有，侵权必究
举报电话：010-62752024　电子邮箱：fd@pup.pku.edu.cn

目录

小引 /001

第一章 土地、人口与农业 /005

一 土地制度和土地经营方式 /005

（一）土地制度 /005

（二）土地经营方式 /012

二 人口增长与农业的发展 /015

（一）人口的增长 /015

（二）耕地面积与复种制 /018

（三）水利的兴修和利用 /020

（四）农具与耕作技术 /023

（五）作物品种分布变化与新作物的种植 /025

（六）农书的编纂 /027

三 经济重心的南移 /032

（一）唐朝：经济重心南移的开始 /033

（二）宋朝：经济重心南移的完成 /036

（三）元朝：南北经济差异的继续扩大 /041

第二章 工商业及相关问题 /045

一 手工业 /045

（一）纺织业 /046

（二）陶瓷业 /049

（三）矿冶业 /054
　　（四）制盐业 /056
　　（五）造船业 /058
　　（六）造纸业 /060
二　交通 /061
　　（一）陆路交通 /061
　　（二）水路交通 /064
三　商业 /068
　　（一）商业发展概况 /068
　　（二）商业管理 /073
四　城市 /075
　　（一）长安 /075
　　（二）洛阳 /077
　　（三）开封 /078
　　（四）杭州 /081
　　（五）大都 /083
五　货币 /085
　　（一）金属铸币 /085
　　（二）纸币 /088

第三章　中外交通与贸易 /093

一　隋唐丝绸之路 /093
　　（一）对西域的经营 /094
　　（二）丝路交通的繁荣 /096
二　隋唐宋元海上交通与贸易 /100

（一）隋唐 /100

　　（二）两宋 /103

　　（三）元朝 /106

三　蒙元时期与欧洲的往来 /109

　　（一）欧洲传教士访问蒙古 /109

　　（二）马可·波罗与列班·扫马 /111

　　（三）罗马教廷在华的传教活动 /113

四　郑和下西洋 /116

　　（一）郑和下西洋的经过 /116

　　（二）郑和下西洋的规模和航程 /119

　　（三）永乐时期的朝贡外交 /123

第四章　科学技术 /125

一　印刷术 /125

　　（一）雕版印刷的出现和应用 /126

　　（二）宋代的印刷业 /128

　　（三）活字印刷的发明 /130

　　（四）印刷术的外传 /132

二　火药与指南针 /133

　　（一）火药与火器 /134

　　（二）指南针与航海术 /138

三　建筑技术 /141

　　（一）木结构建筑 /141

　　（二）砖塔 /145

　　（三）桥梁 /147

（四）建筑学著作/150

四　医药学/151

（一）巢元方《诸病源候论》/151

（二）孙思邈《千金方》和王焘《外台秘要》/152

（三）官修本草与方书/153

（四）针灸、解剖与法医学/155

（五）金、元四大家及其医学流派/157

五　天文、地理与数学/158

（一）天文历法/158

（二）图志与制图学/163

（三）宋元数学四大家/165

（四）大科学家沈括与科学观念的进步/167

第五章　社会生活/171

一　衣食住行/171

（一）服饰/171

（二）饮食/177

（三）居住/183

（四）出行/188

二　风俗与娱乐/194

（一）婚姻/194

（二）丧葬/198

（三）竞技/203

（四）节日/208

后记/213

小引

这本小册子要向读者介绍的,是隋唐到明朝前期中国物质文明的发展概况。具体包括了隋朝、唐朝、五代十国、宋辽金、元、明前期等几个阶段,从6世纪末延续到15世纪,长达900余年。在这段时期内,中国物质文明的成就,在世界上处于比较明显的领先地位。

隋唐帝国、特别是唐帝国在文治武功方面取得的赫赫成就,是一般读者所熟知的。唐朝在其鼎盛时期,政治稳定,经济繁荣,表现出蓬勃的生机和活力,不仅达到中国历史上新的高峰,就世界范围来看也称得上是最富庶、最文明的国度。当时世界上的其他重要国家，包括欧洲的法兰克王国、拜占庭帝国，亚洲的阿拉伯帝国，就整体的国力来讲都不能和唐朝相比。在唐朝文明的吸引下，许多国家和地区的使节、商人、留学生，纷纷前来访问。唐朝不仅与各国保持着频繁交往，本身又成为各国之间经济、文化交流的桥梁和中转站，如果说它在当时属于世界的中心，也不算过分。就纵向角度看，唐代文明具有承先启后、继往开来的历史地位，在很多场合下，都成为古代中华文明辉煌灿烂时代的代名词。

宋辽金时期的核心是宋朝。与唐朝相比，宋朝版图萎缩，武功不振，一向给人贫弱的印象。然而实际上，贫的原因是财政开支巨大、财政管理不善，弱的原因是朝廷重文轻武、军事训练废弛。如果就社会经济和物质文明的发展高度而言，则宋朝的成就又明显超出唐朝。北宋学者沈括曾经说过一句话："唐人作富贵诗，多纪其奉养器服之盛，乃贫眼所惊耳。"意思就是说：很多唐朝人所谓的物质享受，在宋朝人看来已经不值一提。法国汉学家谢和耐著有《蒙元入侵前夜的中国日常生活》一书，其中对宋朝文明的发展作出了高度的评价。他说：

在蒙古人入侵的前夜，中华文明在许多方面都处于它的辉煌顶峰。

13世纪的中国在近代化方面进展显著。比如其独特的货币经济、纸币、流通证券，其高度发达的茶叶和盐业企业，其对于外贸（丝制品和瓷器）的倚重，以及各地区产品的专门化等等。

在社会生活、艺术、娱乐、制度和技术诸领域，中国无疑是当时最先进的国家。它具有一切理由把世界上的其他地方仅仅看做蛮夷之邦。

13世纪的中国人……成了中华文明所曾经产生出的最精巧和最有教养的人格类型。从他们的日常生活历史中，我们得到的一般印象是，他们能自然而然地自我约束，而且其生活中充满了欢乐和魅力。

不少宋史专家也都特别强调："宋代社会生产力以前所未有的速度迅猛发展，从而达到了一个更高的高峰。""宋代……物质文明和精神文明所达到的高度，在中国整个封建社会历史时期之内，可以说是空前绝后的。"上述这些概括或许有失之夸大的地方，但宋代是中华文明发展史上继唐代以后的又一个辉煌时期，应当是不容否认的。

从元朝到明朝前期，由于战争的破坏和政治专制的加强，社会经济和物质文明的发展进入了相对停滞的阶段，没有再出现明显的高峰。尽管如此，还是取得了一些局部成就，加上唐宋以来旧有的基础，中国物质文明仍然走在世界的前列。这方面可以举出一个突出的代表性事例，就是发生在明朝前期的郑和下西洋。根据当时记载来看，郑和下西洋的七次航行，已经熟练掌握潮汛、季风、洋流等自然规律，综合运用物标导航、罗盘指向、天文定位、计程计速等复杂的航海技术，从而保证了较高的航行精确度，并且开辟了多条新的航海路线。其航线之长，所至海域之广，在世界历史上都是空前的。这样一件人类征服海洋的伟大壮举，再好不过地表明了中华文明在当时世界上的领先地位。

明朝中叶以后，社会经济和物质文明的发展又进入一个新的繁荣期，但这已不属于本书的介绍范围了。之所以将本书叙事的下限止于明朝前期，主要是从世界历史的发展线索考虑的。美国著名历史学家L.S.斯塔夫里阿诺斯在他的名著《全球通史》中，将人类历史的演进以1500年为界，划分为两大阶段。1500年以前，世界各文明区域虽然已经发生了比较频繁的联系，但就总体而言基本上是各自孤立发展的。而到1500年以后，随着西方的崛起及其向东方的扩张，世界历史缓慢但是明确地走上以西方为主导的一体化道路，传统农业文明逐渐为近代工业文明所取代。因此，尽管明朝中叶以后的中华文明仍然有一段相当长的繁荣时期，但它已不再是世界舞台上的主角。此前的辉煌已经逝去，未来的挑战随之降临。这方面的内容，敬请参看本套丛书的另外一册《传承与新变——明中叶至辛亥革命的物质文明》。

第一章 土地、人口与农业

一 土地制度和土地经营方式

在传统农业社会，土地是最重要的生产资料。因此我们在叙述农业时，首先要对土地制度和土地经营方式进行交代。

(一) 土地制度

隋朝和唐朝前期，继续推行北魏以来的均田制。北魏均田制是在国家掌握大量荒地的前提下实行的，目的在于人尽其力、地尽其利，发展生产，增加财政收入。贵族官僚可以通过自己占有的奴婢、耕牛多获授田，因此所谓"均田"，并不是绝对意义上的平均分配。均田制的具体规定，由北魏经北齐和北周发展到隋、唐，屡有变化。在这里主要谈唐朝的制度。

根据史料记载，唐朝前期推行的均田制，大致包括以下内容。凡丁男（21—59岁的男子）和18岁以上的中男（中男指16—20岁的男子），每人由政府授田百亩。其中有20亩可以传给子孙，称为永业田；80亩须在本人死后归还政府，由政府另行授受（可首先授给本家庭中有资格受田的人），称为口分田。老男（60岁以上的男子）和残疾人授口分田40亩。这种授田百亩，五分之一为世业，五分之四死后还官的制度，与北魏大体上一致，不过北魏的世业部分称为桑田，还官部分称为露田，而且北魏的授田年龄更宽一些，为15—70岁。与北魏明显不同的地方，也有不少：

第一，北魏的露田均加倍或加两倍授给，以备休耕，称"倍田"；唐朝的口分田则没有倍田。不过唐朝规定，在地广人稀的"宽乡"可以限外占田，但要另册登记。

第二，北魏均田制原则上以一夫一妻为单位颁授，明确规定了其中妇女受田的额度；而唐朝的颁授对象仅限于成年男子，妇女并不受田，只有寡妇可以授给口分田30亩。

第三，北魏奴婢、耕牛均可受田，豪富权势之家由此可以多占土地；唐朝则取消奴婢、耕牛受田，代以按官品、勋级多受土地。有封爵的贵族和五品以上官员，按品级受永业田5顷至100顷（1顷=100亩）不等，在战争中立功获得"勋官"称号的人，也可以根据级别受永业田60亩直至30顷。

图1 唐怀集县庸调银饼

第四,在均田制下,唐朝对土地买卖的限制比北魏更宽。如果遇到身死无以供葬或犯罪流放的情况,可以出卖永业田;如果是从人稠地窄的"狭乡"移居到地广人稀的"宽乡",或是卖充住宅、邸店,同时也可以出卖口分田。官、勋永业田及赐田都可以买卖。

以上就是唐朝均田制的基本内容。与均田制相联系,还有一套相应的赋税制度,以丁男为单位缴纳,称为租庸调。民户每丁男每年向国家缴纳粟二石,称为租;绢二丈、绵三两(或折纳布、麻),称为调;服役20日,可按一日三尺的标准纳绢替代,称为庸。(图1)

关于唐朝均田制的实施情况,学术界曾经有过长期争论。有的学者认为,唐朝所谓"均田令"不过是一纸空文,实际上没有实行。但随着敦煌、吐鲁番出土文书的释读和研究,其中的一些唐朝户籍残卷被整理、公布出来,其中关于土地情况,明确登录了永业、口分、买田的不同来源,又有退田、转授等记载,足见均田制确实曾在当地推行。当然,推行的程度有多大,范围有多广,还存在着不同的看法。

总的来说，均田制所规定的百亩受田数量，实际上只是"应受田"，即在土地占有现实情况的基础上，以个体农民耕作能力为依据，制定了一个占田限额，以便充分发挥土地、人力效率，而并非强制划一地重新分配土地。民户原有土地按均田令重新登记，其不足限额部分是否补足，补充多少，需因时因地而定。在人多地少的狭乡，民户受田即往往不能足额。对于均田制的字面规定不可苛求，实际上它具有相当的弹性。例如土地买卖，大都可以找到借口。《唐律》对于违例出卖永业田并无专条禁止，对于违例出卖口分田虽有惩罚规定，但又说"应合卖者"可以例外。口分田按规定须在死后还官，实则只要有子继承即不必退还重授，只有在绝户、逃亡之类的情况下才出现退田的问题。法律也将民户所占永业、口分田全都当做私田看待，保护占有者的产权。在隋朝和唐初，均田制的实施适应了社会上存在大量自耕农的现实情况，因事制宜，并不专门耗费人力组织推行，亦未引起波动。相反，还起到了稳定产权、发展生产、确保赋役来源的作用，为经济的恢复、发展和帝国的强盛创造了条件。

均田制在实施中表现出的局限性也是十分明显的。它本来起源于北魏王朝建立者拓跋鲜卑由畜牧经济向农业经济转变过程中实行的"计口授田"之制，复因北魏、东西魏、北齐、北周、隋、唐王朝的频繁更代，兵革不息，无主荒地较多，才能够一再推行。但因各地条件所限，很多农民受田实际上达不到应受额。至唐朝承平日久，人口渐增，生产的规模化要求使生产资料迅速向经营者手中集中,均田制遂走向瓦解。贵族官僚通过各种合法或非法途径多占国有土地,口分田实际还官者又很少,政府掌握的土地数量日减,逐渐不足授受。个体农民经济力量脆弱,一旦遇到灾荒或赋役苛重非常容易破产,往往出卖或抛弃土地,流落异乡。均田令虽限制土地买卖,而兼并日盛,难以阻遏。史料记载,到武则天统治时期,唐朝建立不过七八十年,已经是"天下户口,逃亡过半"。唐玄宗时,重新登记户口,允许逃户于现居地附籍纳税,此时均田制所规定的土地还授已经基本中止。根据唐朝后期史学家杜佑编纂的《通典》卷七《食货·历代盛衰户口》所载统计数字,玄宗天宝十四载(755),全国缴纳租庸调的"课户"仅占全部户数的60%。到唐德宗建中元年(780),实行赋税改革,正式废止租庸调制,改行两税法,按户等征户税,按田亩征地税,表明政府已公开承认土地私人占有和自由买卖的现实,也意味着均田制已完全退出历史舞台。

经唐后期、五代到宋朝,土地私有制在土地占有形态中完全占据了压倒优势。宋朝土地制度的最大特点就是"田制不立"、"不抑兼并",国家已不再进行均田、限田一类强制干预土地占有状况的措施。清初学者顾炎武曾经总结说,大土地占有者在汉、唐多被冠以"豪民"、"兼并之家"等具有贬义的称谓,而到宋朝则已经"公然号为田主"了。在商品经济发达的背景下,宋朝土地转移十分频繁。时人形容为"贫富无定势,田宅无定主",甚至还有"千年田八百主"的谚语。国家针对民间的土地交易制定了详细的法律规范,只要经由官府办理合法手续,立契纳税,土地交易就会得到承认,受到法律保护。土地交易大致可分两类,一是买卖,二是典当。买卖即土

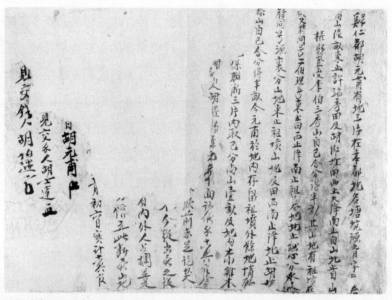

图2 南宋土地买卖契约残纸

地所有权的完全转移，亦称"绝卖"。典当则是土地所有权的部分转移，典买者享有称为"田面"的使用权，典卖者仍保有称为"田骨"、"田根"的到期赎回之权。无论买卖还是典当，均须禀报官府，订立契约，写明交易细节，交易双方各执一份，并向官府缴纳契税。契约订立后由官府加盖印章，正式生效，称为"红契"。如私订无官府印章的"白契"，即属违法。（图2）

宋朝土地私有制的发展还表现在官田私田化。唐朝的官田在广义上分为两部分：一是用于均田授受及赏赐贵族官僚的无主荒地，此类土地大部分都逐步转变为私田；二是屯田、职分田、公廨田等真正意义上的国有土地，为数有限。宋朝开国之初，从五代及南方诸国继承了一定数量的官田，大多用于租佃，由政府收取地租。但在土地买卖频繁的大趋势下，政府也不断将官田出卖于民。官田一边被出卖，一边又因战乱、籍没等原因新生，大多数情况下处于时生时灭、若有若无之中。总体而言，宋朝官田仅是土地私有制的一种补充形式而已。

伴随着唐宋土地制度的巨大变化，国家统治政策也不得不作出相应的调整，上文提到唐朝后期赋税制度的变革就是一例。与此相关，国家对社会基层的关注重点也由人口转向土地。昔日与"兼并之家"争夺劳动人手的括户等举措基本不再推行，取而代之的是清丈土地，力争杜绝"兼并之家"隐匿或少报土地数字以逃避赋役的行为。北宋中叶王安石变法时，有一项措施称为"方田均税法"，即通过丈量土地，核查隐漏田产以增加赋税收入。南宋建立之初，采纳李椿年建议，推行"经界法"，以乡为单位，丈量田地步亩，辨验土色高低，均定税额。将丈量所得绘成"鱼鳞册"存于官府，又为每户专置"砧基簿"，标明各自田产的田形地段、亩步四至、得产缘由，赴官府印押，永为凭证，交易时持以报官。此法损害了富户豪绅的利益，故引起广泛反对，难以充分贯彻。后又经朱熹等人数次推行，也多是行而复罢，未能持久。

土地制度变化还引发了农民起义斗争目标的转移。大体上中唐以前的农民起义，多因官府暴政、赋役苛重引起，目标往往直接针对国家。唐朝末年王仙芝起义，自号"天补均平大将军"，已带有均平财富的经济色彩。到北宋初年的王小波、李顺起义，南宋初年的钟相、杨幺起义，都提出"均贫富"纲领，斗争目标直接针对大土地所有者。这也反映了唐宋社会的重要差异。

在北方民族建立的金、元王朝，由于战乱破坏和国家对社会控制的加强，土地国有制的残余又有所抬头，主要表现为官田的数量比宋朝明显回升。这种状况一直保持到明朝前期。但总的来说，土地私有制仍然是土地占有关系的主流，"田制不立"、"不抑兼并"的土地政策并没有大的变动。

（二）土地经营方式

唐宋时代，租佃制取代了魏晋南北朝的部曲佃客制，成为社会上除自耕之外最常见的土地经营方式。在魏晋南北朝，称为"部曲"或"佃客"的依附农民被豪强地主所控制，不仅要为地主耕种土地，缴纳地租，还要服劳役，任杂务，战时则武装为私兵。他们不单立户口，而附于主家户籍，世代相袭，非自赎或主人放免不得脱籍。到唐朝，《唐律》中虽有关于"部曲"的专门条文，但实际上"部曲"这一称呼在普通史料中比较罕见。一般认为，《唐律》有关"部曲"的条文主要袭自前代旧律，名为"部曲"的依附人口在唐朝社会已经存在甚少。相反，关于租佃制的资料则相当多。租佃制是一种人身隶属关系相对宽松的剥削制度，租佃制下的劳动者称为佃农，他们有较多的人身自由，对地主的依附关系主要表现在经济领域，并且大多是通过契约缔结的。

在新疆吐鲁番的出土文书中，保存了不少唐朝前期的租佃契约。从这些契约的内容看，有以下几方面值得注意：

第一，出租的土地是民户的"已受田"，包括永业田、口分田、菜园和葡萄园等。这说明均田制下颁授的土地是可以出租的。

第二，租期有短期和长期之分。短期一般为一年，长期一般是几年。现有契约中未发现有永久性的租佃，说明当时还未出现后世租佃关系中的永久租佃权。

第三，地租形态包括实物地租和货币地租。实物地租既有分成制，也有定额制。缴纳实物定额地租的，大约为每亩麦（粟）六斗至一石。缴纳货币定额地租的多为菜园、葡萄园，其租额比粮田高几倍。

第四，契约一般都规定了承佃时限和交租时间。佃种一方违约，要加倍罚钱或物赔偿对方。有的契约甚至规定，佃种人违期不纳地租，听任田主取其家资财物作抵偿，或由担保人代付。

第五，租佃关系是一种法律关系，契约受到法律的保障。有的佃种者为了避免纠纷，还要求出租者取得官府的"公文"，证明该户土地可以出租。

第六，有转租的例子，表明已出现两层以上、比较复杂的租佃关系。

第七，租佃双方贫富差距不大，出租者多为小地主，甚至普通小农。这表明租佃制最初可能是在中小土地所有制中发展起来的，后来才蔓延到大土地所有制。

关于唐朝前期大土地所有制（贵族、官僚土地）的经营方式，史料记载较少，或许部曲佃客制还有一定的存在空间。随着均田制的瓦解，土地的买卖和兼并日益盛行，更加集中到少数贵族、官僚、地主手中。唐朝中后期，私人较大规模的田产往往称为"庄田"，这个名称可能也带有部曲佃客制的残留影响。它最初是指以地主庄宅为中心的大片田产,久之也成为私人非自耕土地的通称。曾有学者将唐朝中后期的庄田与西欧"庄园制"进行类比,实际上这种庄田并不是单独的行政、司法、军事单位,在生产上也不是完全封闭。从各种零散资料来看,即使田连阡陌,庄田在多数情况下仍然采取分割租佃的方式进行经营,与经营小块土地并没有大的差别。而且其所有权并不稳定,常因贫富升降转易其主。当然,由于庄田所有者拥有较大的经济乃至政治势力,庄田租佃制下佃农对地主的依附关系相对强一些,可能会从事一些临时性的劳役,但仍与过去的部曲佃客制有根本区别。

到宋朝,租佃制更加普遍,佃农在户籍中专门被列为"客户"。在唐朝,客户指的是脱离原籍流亡外地的非土著居民,其中很多流亡到宽乡开垦荒地,成为自耕农,并非佃农。而宋朝的客户概念,与流寓或土著无关,专指失去土地、佃耕于人的佃户。据保守的估计,宋代客户的比重约占全国总户数的35%。租佃土地与买卖一样,须订立正式契约,办理法律手续。契约通常包括以下内容:1.田亩位置、四至和面积;2.田亩的类别,如水田、陆地、滩涂田、桑田、柴地、芦荡等等;3.地租数量,有的地区还写明量租时所用斗器的大小;4.佃种者和出租者的姓名。地租以分成租(大多数时候为五成)为主,也有定额租。缴纳方式绝大部分为实物,但也有货币地租的例子,主要见于国有的学田和职田。

宋朝租佃制的依附色彩较轻。法律明文规定,佃农在契约期满后可以自由迁徙,地主不得阻拦。两层以上的租佃关系也有了比较明显的发展,在一些大土地所有制和国有土地中,出现了名为管庄、干仆或管田人的中间承佃者，俗称"二地主"，他们在承佃后转手出佃，收取额外地租。在这种情况下，土地的所有权、承佃权和耕种权分离，导致土地关系更为复杂。

由金、元两朝到明朝前期，尽管在土地所有权方面国有制的残余有回潮趋势，但租佃制发展的格局没有大的变化。国有土地的主要部分，仍以分散租佃的方式进行经营。金、元两朝奴隶制因素有所上升，但失去人身自由的奴婢在从事农业生产时，主人通常仍采取"岁责其租赋"的剥削方式，与租佃制下的剥削关系非常近似。

二 人口增长与农业的发展

（一）人口的增长

在传统农业社会，人口的增长直接反映出经济的繁荣和农业的发展。反过来说，人口增长意味着劳动力的增加，又会为农业进一步发展创造条件。由隋唐、宋元到明朝前期，尽管人口增长过程有着明显的波动，但增长的总趋势是比较显著的，尤以隋唐和北宋为最。

第一个人口高峰出现在隋朝。隋文帝开皇九年（589）统一全国时，户数在700万左右。到炀帝大业五年（606），户数已增加到近900万，人口4600余万。17年间，户数增长约29%，已经比较接近西汉末年1200余万户、近5960万口的高峰数字。经隋末动乱，户口大幅度下降。唐太宗贞观初年，户数尚不足300万，仅相当于隋朝鼎盛时的三分之一。经过一个多世纪的恢复，到唐玄宗天宝十四载（755），统计户数约900万，人口近5300万，这两个数字达到并略微超过了隋朝鼎盛时的户口数。但自唐代以来，学者们并不相信这两个数字，认为如果考虑到唐朝前期户口脱漏严重的因素，实际上的户口数还要多出很多。唐朝后期史学家杜佑就认为，唐玄宗末年的实际户数至少应当有1300万到1400万。当代研究唐代人口问题的专家也说，按照最保守的估计，唐朝前期的脱漏户口也要占到著籍户口的30%左右，这个估计与杜佑的意见是比较接近的。这样的话，如果按照每户五口的比例计算，盛唐人口总数应该接近7000万。

从唐朝后期到五代，社会动荡，战乱频仍，户口再度下降。至北宋，又开始进入高峰期。宋太宗端拱二年（989），全国户数650万。此后一个多世纪，户数迅速增长，到徽宗大观四年（1110），已达到2088余万。奇怪的是，宋代遗留下来的户口统计数字，每户平均口数甚少，通常在1.5—2.5之间，与我们知道的中国古代家庭规模严重不符。以徽宗大观四年为例，史料记载这一年的口数只有4673余万，每户平均口数仅为2.24。大多数学者认为，宋代统计的口数仅包括男丁（成年男子），所以平均口数偏低。如以汉、唐史料所载户口比例（每户5口左右）推算，北宋末年的实际人口数应当已经超过1亿。这在中国古代人口发展史上，是一个划时代的标志。

金、元两朝，北方民族南下带来战乱，造成人口严重减耗。形势稳定后虽有恢复，但基本上没有超出北宋的水平。到明朝，由于保持了较长时期的稳定局面，人口恢复和增长的成绩也更为突出。尽管明朝见于记载的人口数字最多时仅有7000余万，但学者们都认为这个数字很不准确。大体最晚到明朝中叶，人口应当已经恢复到

图 3 隋含嘉仓粮窖遗址

了 1 亿的水平,明朝后期可能增长到 1.5 亿。但这已经不在本书的叙述范围之内了。

隋朝、唐中叶和北宋后期三个人口高峰的出现,是与当时经济繁荣的大背景分不开的。根据史料记载,隋朝统一以后,很快进入一个经济繁荣期。各地仓库中堆积了大量的粮食、绢帛,有的地方屋内完全装满,只好堆在走廊里和屋檐之下。著名的粮仓,如长安的太仓、东京的含嘉仓和洛口仓、华州的永丰仓、陕州的太原仓,储存粮食多的达到千万石,少者也有数百万石。(图3)据称仁寿四年(604)隋文帝临终时,天下仓库的储积可以支用五六十年。直到隋朝灭亡后,其储存的财富仍长期为唐朝所用。史学家钱穆总结说:"隋室虽祚短运促,然其国计之富足,每为治史者所艳称。"说的就是上述情况。唐玄宗统治时期出现的"开元盛世",是唐朝国运的顶峰，仓储充盈，物价低廉，社会稳定，一片太平景象。杜甫《忆昔》诗云：

> 忆昔开元全盛日，小邑犹藏万家室。稻米流脂粟米白，公私仓廪俱丰实。九州道路无豺虎，远行不劳吉日出。齐纨鲁缟车班班，男耕女桑不相失。

杜甫的诗句就是当时"盛世"情景的绝好写照。至于北宋，更是传统农业臻于成熟的阶段。农业技术的发展，农具的改进，水利的兴修利用，都取得了长足进步，致使农业生产力水平达到新的高度。据学者的估算，唐朝粮食的基本亩产量在1石左右（合今每亩51.5公斤），高者2石。宋朝多在一石以上，长江流域达到2—3石，甚至有高至六七石者。如果除去高产杂粮种植的因素，明清两朝的粮食生产也基本没有逾越这一水平。可见，人口增长的确是经济（特别是农业）发展的重要指标。

（二）耕地面积与复种制

唐宋时期，耕地面积有很大的增加。唐朝后期人元结曾经说，在盛唐的开元、天宝年间，土地大量开垦，"四海之内，高山绝壑"，处处都有人在耕种。杜佑估算当时的实际耕地面积为620万顷，而据当代学者的估计，则应当达到800万至850万顷，折算为今天的亩制，大约在5亿至6.6亿亩之间，已经超出了西汉鼎盛时期的水平。北宋版图虽小于唐朝，但耕地面积继续增长。其最高数字，据学者推算约合今7亿至7.5亿亩，这个数字直到明朝中叶才被超过。元朝耕地面积总体上虽未超过北宋水平，但边疆地区的农业开发成就显著。通过政府的屯田、移民等措施，汉族地区先进的农作技术被推广到边区，使当地的农业生产或从无到有，或明显改进。在漠北，元廷多次签发内地军民前往屯种，官府颁给农具、粮食、衣裘。今天新疆、云南、海南、广西等地区，元朝都进行了大面积的屯垦。

在耕地面积增加的同时，对耕地的利用也取得了新的进步。唐朝北方开始出现麦粟复种制，两年三熟。南方则出现一年两熟的复种制。唐朝后期人樊绰《蛮书》记载，云南农民每年八月收获稻谷之后，秋、冬之际就在稻田里种大麦。到次年三四月间，大麦成熟，继续种稻谷。《新唐书·南蛮传》则记载岭南地区"稻岁再熟"，说明已经有了单种水稻的一年两熟复种制，亦即双季稻。到宋朝，一年两熟的复种制在南方已经相当普及，时人形容说："种无虚日，收无虚月，一岁所资，绵绵相继。"南宋时期，北方人因躲避战乱大批南下，食物方面对麦类的需求很大，对稻麦复种制是很重要的推动。此外，也有利用其他粮食、蔬菜、油料作物、绿肥作物进行轮作复种的。在岭南，甚至已经开始出现一年三熟制。周去非《岭外代答》记载：钦州地区正、二月种"早禾"，四五月收；三四月种"晚早禾"，六七月收；五六月种"晚禾"，八九月收。这是一种间套复种的轮作办法，实现了水稻一年三熟。复种制的发展，大大提高了耕地的利用率，是农业史上的重要变革，为以后朝代的农业生产开辟了新的方向。

（三）水利的兴修和利用

隋朝立国短暂，但在水利事业方面取得很大成就。先后开凿了由长安至潼关长达300余里的广通渠，以及沟通钱塘江、长江、淮河、黄河、海河五大水系的大运河。开凿这些河渠的主要目的是运输，但沿河两岸也因而获得了很大的引流灌溉之利。

唐朝中央的尚书省工部属下设有水部司，主管水利政令，另有都水监执掌具体的水利事务。各地的水渠、斗门均任命专人看管，负责调节渠水，分配使用。朝廷颁布的《水部式》中，收录了具体的灌溉法规。

唐朝前期兴建的水利工程主要在北方。唐初，在同州（今陕西大荔）的河曲地区引黄河水灌溉成功，受益农田达6000余顷。关中地区自汉代以来修建的灌溉渠系，在唐朝得到了大规模的整治和扩建，灌溉能力明显提高。例如西汉开凿的白渠到唐朝扩展为北、中、南三支，合称"三白渠"，灌溉面积增加到汉代的四倍。唐朝后期，南方水利事业有较大的发展，修筑了许多陂、塘、堤、堰。著名的如句容（今属江苏）重修的废塘绛岩湖，周围百里，开田万顷；洪州（今江西南昌）一带筑堤以捍赣水，用斗门节水灌注陂塘近600个，开田12000顷；其他如常州、湖州（今属浙江）、越州（今浙江绍兴）、明州（今浙江宁波）等地，都修建了溉田以千顷计的大型水利工程。据不完全统计，整个唐朝，新修或重修灌溉面积在千顷以上的大型水利工程共达30余处。

宋朝水利管理制度多承唐制。北宋后期王安石变法时，专门推行"农田水利法"，一方面注意维护、利用旧有水利事业，同时又因地制宜，建设了大量新的水利工程。

宋朝水利事业最主要的成就是圩田在南方的推广。圩田亦称围田，指在水边低地垦田，筑堤围之，堤上设有闸门，旱则开闸引水，涝则闭闸拒水。宋人说："圩者，围也。内以围田，外以围水。"它最早出现于唐朝后期，经五代的发展，到宋朝已有相当规模。不少圩田圩长数十里，围垦土地达到数百顷甚至上千顷，有如一座大城。通过圩田的修建，不仅将许多滋生水草的低洼荒地开垦成为耕地，而且由于它兼具排、灌功能，防旱抗涝，这些耕地往往能够成长为稳定的高产田。在宋朝江南的有些地方，圩田已不仅仅是简单的筑堤绕田，而是包括一整套的灌溉系统，对工程技术和管理技术有很高要求。例如太湖地区的圩田，就有相当周密的规划和科学的布置。先在太湖平原上修建大量的浦塘作为水利工程，然后将浦塘之间开垦为圩田，排水可经浦塘辗转出海。沿江、滨海之处筑有江堤、海塘，通江入海之处设置堰闸，高地和低地之间也都设有斗门堰闸，实行分级、分区控制。圩内则沟渠四通八达，以备排灌、运输之用。圩岸遍植杨柳，堤下种植菱苇，用以护堤防浪。这样，整个圩田形成了圩堤、河渠、堤堰三位一体的水利灌溉系统工程，从而使太湖低洼区变成了号称"苏湖熟，天下足"的重要粮仓。南宋诗人杨万里写有《圩丁词》十首，热情地歌颂了古代农民在这方面的创造性建设。略引几首，以见一斑：

> 圩田元是一平湖，凭仗儿郎筑作圩。万雉长城倩谁守？两堤杨柳当防夫。

何代何人作此圩？石顽土腻铁难如。年年二月桃花水，如律流归石臼湖。

上通建德下当涂，千里江湖缘一圩。本是阳侯水精国，天公敕赐上农夫。

两岸沿堤有水门，万波随吐复随吞。君看红蓼花边脚，补去修来无水痕。

儿郎辛苦莫呼天，一岁修圩一岁眠。六七月头无滴雨，试登高处望圩田。

河水还高港水低，千支万派曲穿畦。斗门一闭君休笑，要看水从人指挥！

元代农学家王祯，也极力赞扬圩田技术是"近古之上法，将来之永利，富国富民，无越于此"。

宋朝与圩田近似的水利田还有多种，主要分布于南方。在江边湖畔出没不常的沙淤地，开沟作渠进行耕垦，称为沙田。在沿海地区筑堤立桩拦挡海水，堤内耕种，称为涂田。又有柜田、葑田、架田等名目，大体接近小面积圩田，主要应用于畸零的小块土地。另外，在沿海农田修筑海塘的技术也有改进，一些地方改变了以前"木桩竹笼"的护岸方法，采用石岸护堤，并设计成斜坡形，减少海潮对护岸的冲击，人称"陂坨塘"。还有的地方采取增修备塘、备河的办法，减少海水渗透，保证农田的正常耕作。

元朝和明前期的水利事业也都取得了一定的成就。元朝中央设都水监，地方设河渠司，专门负责水利事务。张文谦、郭守敬等行省西夏，修浚唐来、汉延等古渠，溉田9万余顷。平阳路（治今山西临汾）总管郑鼎开渠引汾水，溉民田千余顷。王允中、杨端仁等于怀孟路（治今河南沁阳）开渠，引沁水达于黄河，流经五县463处村坊，居民深得其利。明太祖洪武二十七年（1394），大规模派遣国子监生和各地荐举的"人材"到地方督修水利。据后来上报的数字，全国共开塘堰40987处，浚治河道4162处，修建陂渠堤岸5048处。明成祖时，户部尚书夏原吉奉命修治江南水利，历时两年，苏州、松江地区农田大受其益。

（四）农具与耕作技术

唐宋时代农具的改进是值得注意的。唐朝出现了适用于南方水田耕作的曲辕犁，亦称江东犁，被称为犁耕史上的一次革命。它由犁镵(犁铧)、犁壁、犁底、犁剑、犁辕等11个部件组成，结构比较复杂。与过去的犁相比，其优点主要有两条。一是犁铧加宽，起土面积更大。二是将过去长的直辕改为短的曲辕，便于安装犁壁，转换方向和调节入土深浅，更加灵活，操作轻便省力，宜于深耕、精耕。灌溉工具方面，由东汉末年翻车发展而来的龙骨水车在唐朝南方的水田地区得到广泛应用。同时，唐朝还出现了新的汲水工具筒车。筒车形似纺轮，以木筒或竹筒相连，环绕轮上，架设于溪流涧谷，利用水流冲击轮子转动，以筒提水上升，功省效高，尤其适用于丘陵和山地。

宋朝农具的变化更多。铁制犁铧已经多样化，主要有尖头、圆头两种，可用于耕作不同的土壤。铁耙、镬头、铡刀、镰刀等农具在形制上也有改进，更加轻巧耐用。在缺牛的地区，需要依靠人力翻耕，北宋初年针对这种情况发明了踏犁，虽不如牛耕省力，但比用镬头翻地提高工效一倍。南宋时，这种踏犁已推广到岭南地区。宋朝还出现了一种专门用于开荒的农具，称为鏊刀。从唐朝后期起，水稻种植改直播为移植，即先将稻种在秧田上培育，然后插秧于大田以栽培。因插秧需要，北宋时发明了一种专用工具秧马。秧马以木制成，腹如小舟，首尾上翘，可以在水田中滑行。农民骑在秧马上插秧，体力消耗较小。大诗人苏轼路过武昌时，看到当地的秧马，称赞其效率说："日行千畦，较之伛偻而作者，劳佚相绝矣。"他还专门写诗描述，将过去在水田里行走插秧的辛勤形容为"腰如箜篌首啄鸡，筋烦骨殆声酸嘶"，使用秧马后，则是"耸踊滑汰如凫鹥，……忽作的卢跃檀溪"。

唐宋时代的耕作技术比过去又有提高。早在隋朝，人们已经注意到通过减少土壤中的盐碱成分以改良土质，提高产量，具体的办法主要是引水灌田。这种办法在唐朝进一步普遍推广。唐朝农民对肥料的使用十分重视。在肥料种类方面，除了传统的豆类绿色肥种外，人粪、蚕沙等也作为基肥与追肥使用。不少地方注意到圈养耕牛以获得厩肥。农药的使用也出现了。晚唐时期，苏州农民使用商人从长沙等地贩来的农药捕除害鸟，有效制止了为害甚大的"禽暴"之患。

宋朝农业更加重视精耕细作。注意用地与养地结合，通过换茬、施肥、种植豆科作物等办法来维持地力。耕作时不仅深耕细耙，而且在育秧、灌溉、施肥、中耕管理等环节上积累出一套行之有效的经验。在南方的水田，整地技术逐渐成熟，分为秧田整治、冬作田整治和冬闲田整治。随着丘陵坡地的开发利用，农田用水量的增加，还发展出了耘田和烤田技术，同时起到除草、积肥和节水的功效。

（五）作物品种分布变化与新作物的种植

隋朝和唐前期，就全国范围而言，粟仍然是最主要的粮食作物，其次为麦。粟的主要产地为华北平原、黄土高原、河西走廊以及今四川东部等地区。麦的产地则多在北方黄河流域，南方江南东道等地也有种植。本来种植于南方的水稻，已开始向北方扩张。唐玄宗时曾在河南大开水田，种植水稻，随后在今天的山东、河北、山西等地，水稻的种植陆续都获得成功。加上唐朝后期北方受战乱影响，粟、麦产量有所下降，水稻逐渐开始在全国粮食生产中占据首要位置。宋太宗时，专门下了一道鼓励南北粮食作物品种互相交流的命令，要求南方官吏劝谕百姓种植北方的粟、麦、黍、豆等作物，并由北方提供种子，北方则继续推广水稻种植。宋真宗时，将从越南传入的"占城稻"从福建、两广推广到江淮地区。占城稻成熟早，抗旱力强，具有"不择地而生"的优点，适于普遍种植，从而进一步扩大了水稻的栽种面积。宋代南方农民还培育出许多优良稻种，其中仅籼稻就达几十种之多，糯稻也不下一二十种。

唐宋时期的纺织纤维生产，仍以丝、麻为主。蚕桑业的中心本来在北方，唐宋两朝逐渐移到了南方。宋朝的太湖流域、四川成都平原和广东珠江三角洲成为三大养蚕业基地。不过在这段时期，更值得关注的是一种新的纺织纤维，那就是棉花。棉花当时称为木绵或木棉，宋以前仅见于海南岛、云南、新疆等地。由北宋到南宋初年，福建、两广地区开始种植棉花。到南宋后期，植棉业已扩展到江淮和四川。元灭南宋后，于至元二十六年（1289）设置浙东、江东、江西、湖广、福建五处木绵提举司，每年向民间征收棉布10万匹，可见此时棉花已在南方广泛栽种。元朝统治期间，棉花的栽种进入北方。元中期人马祖常有诗云："江东木绵树，移向淮南去。"这是从南方北传的例子。还有一条传播途径，则是经由西域传入关、陇。到明朝，棉花已取得与丝、麻同等的地位。明太祖曾专门下令，农民有田5至10亩者，必须种植桑、麻、棉花各半亩，10亩以上者加倍。如不遵守，即罚缴绢或麻布、棉布一匹。棉花的栽种遍及全国，日后终于成为社会上的首要衣料来源。

另一种非常重要的新作物是茶树。唐以前，史籍中尚无人工种茶的明确记载。而唐朝不仅出现人工种茶，相关栽培技术也有了初步的总结，已开始使用直播与移植两种种植方法。据文献的反映，唐朝产茶的州郡有50多个，基本上都在南方。由于饮茶之风盛行和茶叶产量的增加，唐廷于德宗建中四年（783）开始征收茶税，还曾一度推行茶叶专卖制度。后规定官府在产茶处按时价征税十分之一，然后转给茶商出售，禁止私贩，每年的税钱达到40万缗。中唐以前，人工种茶主要为散植。到晚唐，集中种植的茶园已经比较普遍。据当时的农书《四时纂要》记载，江南茶园株行距皆2尺，连坎距共5尺，每亩可种茶240株。宋代茶树的种植更加广泛。北宋时，官府专卖机构每年仅从江南地区茶农手中收取的茶叶，就达到1441.2万斤，两淮、四川尚不包括在内。茶树的栽培技术也有明显进步，茶农已经注意到比较科学地处理茶树生长和土、水、气候的关系，因地制宜培育优质茶树，采摘优质茶叶。宋代茶叶还开始向海外输出。

此外，值得注意的是从西域传入的新水果。西瓜先由西域传到辽国，金朝时开始在中原种植，继而又传到南宋。元朝统一后，西瓜在南方的种植已经遍及江淮、两浙和闽广。元朝后期，一个新的苹果品种从西域传到华北。古代原无苹果一称，只有广义上属于苹果类水果的柰。柰的果实特征与今天的苹果颇有差异，果形较小，外观有白、黄、青、红、紫等不同颜色。而元朝后期传入的这一新品种，经过改良，果形较大，颜色红润，口味甘甜，与柰已有较大区别。时人借用佛经中"色丹且润"的频婆果来称呼它，到明朝逐渐衍变出"苹果"的正式名称。

随着农业生产技术的进步和粮食产量的提高，一部分农业劳动力有可能分离出来，专门从事经济作物的种植，形成某些"农村专业户"。例如唐后期到五代，南方出现了密植的专业化桑园，种植密度达到每亩50株，比传统的间作桑园中每亩种20—30株的情况高出很多。有的农户一户即种桑3000株。茶叶的栽培也日趋专业化，茶农被专称为"园户"。宋代专业化的经济作物品种更多，除桑树、茶树外，许多水果、蔬菜、花卉、药物也都出现了专营的情况。种植这些作物的农民，在相当大的程度上从事商品生产，对传统自然经济结构形成了一定的突破。

（六）农书的编纂

隋唐宋元时期农业技术的发展，在当时人编纂的农书中有比较系统的总结。

今天所知道的隋唐五代农书约有40种，其中绝大部分已经失传。例如武则天时编纂的《兆人本业》三卷，可能是中国古代最早的官修农书，可惜内容完全亡佚。保存下来的，主要有《四时纂要》、《耒耜经》、《茶经》、《司牧安骥集》等几部。

《四时纂要》五卷，晚唐韩鄂撰。原已亡佚，后在日本发现了明朝万历十八年（1590）朝鲜重刻本，于是佚而复得。书中内容，主要是按春夏秋冬四季分月列举农家应做的事项，属于"月令体"的农民实用手册，共698条。书中关于农业技术方面的内容，很大一部分来自《齐民要术》、《四民月令》等前代农书，但也有不少新增的成分。例如关于茶树栽培基本技术的记载，在古代农书中具有开创性，其主要内容长期为后代农书沿袭。关于人工栽培食用菌的记载，在古书中是最早的。关于果树枝条嫁接的理论和技术，也比《齐民要术》等前代农书更为进步。

《耒耜经》一卷，晚唐陆龟蒙著。篇幅虽短，却是我国现存的第一部农具专著，记载了当时江南使用的主要农具。唐代曲辕犁的资料，即主要见于此书。

《茶经》三卷，唐朝后期陆羽著，是中国也是世界上第一部有关茶的专著。共分十门，内容包括茶的起源、种类、特性、制法、烹煎，还有茶具、水质、饮茶风俗、名茶产地，相关典故、入药药方等。（图4）

《司牧安骥集》是我国现存最早的兽医学专著，其成书年代不很确切。学者通过研究认为，它很可能是隋唐马政机构太仆寺编写的兽医教材。此书在后代也长期被作为教材使用。

宋朝人编纂的农书也有不少，但也是大都已经佚失。流传至今的综合性农书，只有陈旉《农书》一部。这部书写成于南宋初年，分上、中、下三卷。上卷为全书主体，总结土地经营和作物栽培技术；中卷为"牛说"，主要讨论养牛问题；下卷则是有关蚕桑业的内容。书的

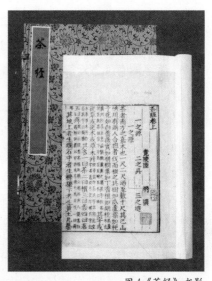

图4 《茶经》书影

篇幅不大，仅有1万余字，但在中国古代农学史上有比较重要的地位。其中有关土地整治、肥料使用和维持地力的讨论，将很多具体的技术细节从理论高度进行了概括。例如提出了"用粪犹用药"的理论，强调对农田施肥要根据不同土质、不同作物、不同肥料对症下药，选择最为合理的操作方法。对于南方水田的精耕细作技术，也有比较精辟的归纳。

现存宋代农书中，以记述某种具体作物的专门性农书为多，这反映出当时作物栽培的多样化和专业化。例如南宋韩彦直的《橘录》，是我国和世界上最早有关柑橘的专著，不仅比较详细地描述了柑橘的各种品种类别，而且总结了柑橘从栽种、施肥、嫁接、修剪到防治病虫害、采摘保鲜等具体技术环节。北宋蔡襄的《荔枝谱》则是荔枝研究专著，记载了32个荔枝品种。其余还有王灼《糖霜谱》

记载甘蔗种植，陈仁玉《菌谱》记载食用菌培育，赞宁《笋谱》记载笋类栽培等。关于花卉栽培的著作多达31种，其中有15部流传至今，著名的有《全芳备祖》、《菊谱》、《兰谱》、《扬州芍药谱》、《洛阳牡丹记》等。

元朝流传下来的重要农书有三部，即官修《农桑辑要》、王祯《农书》和鲁明善《农桑衣食撮要》。

《农桑辑要》是元朝初年由中央劝农机构大司农司编辑的农书，颁行全国，用以指导农业生产。元世祖忽必烈即位后，推行汉法，实施重农政策，《农桑辑要》就是这一背景下的产物。全书共6万字，分为典训、耕垦、播种、栽桑、养蚕、瓜菜、果实、竹木、药草、孳畜10篇。书中系统地总结了前代农书的有关成果，主要是北方旱地农业技术方面的内容。所引用《务本新书》、《士农必用》、《蚕桑直说》、《种莳直说》等古代农书今已亡佚，赖其转引得以片段保存。《农桑辑要》的特点是提纲挈领，删繁就简，实用性较强。从1273到1332年，先后印刷6次，印数最多的一次达到1万部。

王祯《农书》成书于元朝中期。作者王祯，字伯善，东平（今属山东）人，元成宗时曾任旌德（今属安徽）、永丰（今江西广丰）具尹，在任兴学劝农，颇有政绩。《农书》即在这段时间完成。全书共分《农桑通诀》、《百谷谱》、《农器图谱》三大部分，共37篇，13.6万字。《农桑通诀》是关于农业知识的总论，包括农业史、耕垦、耙耢、播种、锄治、粪壤、灌溉、收获以及植树、畜牧、养蚕等问题。《百谷谱》专门论述各种农作物的栽培方法，如谷物、蔬菜、果木、水生植物等，棉花、茶叶也都包括在内。《农器图谱》则绘图讲述了

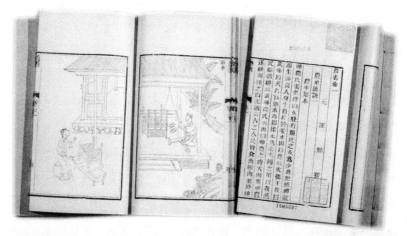

图5 王祯《农书》书影

各种农具和农业机械的构造、源流和用法，有图306幅，并附文字介绍。《农书》比较充分地反映了元统一后南北农学技术相互交流、融合的情况。此前的古代农书，内容都具有地域性，或专门针对北方旱地，或专门针对南方水田，像这样从全国范围内对农业进行系统研究的著作，在中国历史上还是第一部。（图5）

鲁明善《农桑衣食撮要》也成书于元朝中期。作者是畏兀儿（今维吾尔族）人，在寿春（今安徽寿县）任官时编写了这部农书。该书属于月令体，按一年12个月的次序列举每月农民应当进行的农事，涉及范围包括农作物种植、畜牧、蚕桑、养蜂等，兼及农产品加工、贮藏和酿造。作为少数民族学者撰写的农书，它在中国农学史上有着特殊地位。

三 经济重心的南移

古代中国地域辽阔,各地的自然环境差距很大,南方和北方的差别尤其明显。古人说的南方、北方,通常是以秦岭、淮河一线分界的。在古代中国的早期,全国的经济重心位于北方,但后来逐渐移到了南方。明末清初著名学者顾炎武在《天下郡国利病书》中作过如下分析:"自昔以雍、冀、河、洛为中国,楚、吴、越为夷。今声名文物,反以东南为盛,大河南北,不无少让。"他还进一步总结说:这是"天运循环,地脉移动,彼此乘除之理"。所谓"天运循环,地脉移动,彼此乘除"的过程,主要就发生在唐宋时代。明朝人章潢在他编著的《图书编》卷三四,用了大段文字讨论历史上南方和北方兴衰强弱的问题,精辟地概括了中国古代经济和文化中心由北方转移到南方这一重要历史现象,并且指出其转折点在于唐宋。他说:

> 统观宇内,西北文物之盛远不逮古,而东南过之。
> 汉魏以还,天下有变,常首难于西北,衣冠转而南渡,故西北益耗而东南益盛。施于隋唐宋朝,风教滋美,端与中原无异,而民物丰夥,又复过之。
> 譬之人之生世,有幼必有壮,有壮必有老。秦汉以前,西北壮而东南稚也。魏晋而下,壮者之齿益衰,稚者之年方长。至于宋朝,而壮者已老,稚者已壮矣!

在此,我们也要就这个问题略作叙述。

（一）唐朝：经济重心南移的开始

秦汉时期，北方为全国经济重心所在。司马迁在《史记·货殖列传》中，将当时的南方描写为"地广人稀、火耕水耨"的落后地区。西晋灭亡前后，由于北方受到游牧民族的冲击，大批中原人口随晋室南渡，推动了南方的开发。章潢说"魏晋而下，壮者之齿益衰，稚者之年方长"，主要是从这时开始的。在此后南北分裂的三个半世纪中，南方在东晋南朝的统治下，经济发展取得不小的成就。不过直到唐朝前期，南方开发仍然是有限的，得到开发的地域也还较为狭小。北方虽屡经战乱破坏，但根基尚在，潜力犹存，恢复也比较迅速，故全国经济重心仍然在北而不在南。

唐玄宗开元二十五年（737）颁发的一份诏书说："大河南北，人户殷繁，衣食之原，租赋尤广。"据稍后天宝年间统计的全国户口数字，秦岭、淮河以南地区的户数占45.5%，以北则占到54.5%，其中仅河南、河北两道户数即占全国的37.1%。如果将天宝年间各地的户口数字与唐太宗贞观年间的数字相比较，可以发现：唐朝前期人口增长最快的地区同样首推河南、河北两道。天宝年间的人口密度，最集中的地方是都畿道（今河南洛阳附近），其次是河北道，分别为每平方公里58.7人和56.76人。这都是经济重心尚未南移的有力证据。隋和唐朝前期，京师所在的关中地区经济状况已不及西汉，如收成正常，尚能维持朝廷所需，一遇灾荒，即需从关东大量补充粮储，皇帝和百官甚至要到东都洛阳"就食"。但需要注意的是，此时补充关中的粮食并非像以后那样专门依赖南方，相当多的部分仍出自河南河北，甚至还有西北。武则天和唐玄宗时，曾下令江南赋税折纳麻布，称为"回造"，这表明当时北方的粮食生产基本能够满足朝廷的需要。不过，从宏观角度来看，北方经过近千年的开发，土地利用相当充分，旱地农业生产技术也不再有多少提高的余地，因此经济增长的空间已经比较有限。而另一方面，南方经济从东晋南朝以来逐渐上升，并且有优越的自然条件，因此还蕴藏着非常巨大的开发潜力，与北方的趋于停滞判然迥异。所谓"壮者之齿益衰，稚者之年方长"，南方取代北方的经济重心地位已是势所必至。

爆发于唐玄宗天宝十四载（755）的安史之乱，成为导致经济中心南移的关键事件。安史乱后，北方户口严重减耗，昔日人口最为繁盛的河南道，已沦于"人烟断绝，千里萧条"的悲惨境地。战乱也导致中原人口大量向南方迁徙。唐宪宗元和年间，宰相李吉甫主持编纂《元和国计簿》，天下方镇总计48道，申报户数224万有余，其中淮河以南的浙西、浙东、宣歙、淮南、江西、鄂岳、福建、湖南8道即达144万余户，占总申报户数58.3%以上。如将元和年间政府掌握的户数与天宝年间相比，下降幅度达到68%，但总体而言南方户数的下降幅度比北方要小得多，一些地方反而还有增加。可以说从这时起，南方的户口开始超过北方。

更重要的是，唐朝后期北方藩镇林立，拥兵自重，很少向中央上缴赋税，唐廷在财政上只能依靠南方。编纂《元和国计簿》时，48道方镇中只有上面提到的浙西等8道能够为朝廷提供财政支持，史称"东南纳赋八道"。对于南方已成为朝廷主要财赋来源一事，唐朝后期人毫不讳言。唐肃宗时第五琦说："赋所出，以江淮为渊薮。"德宗时权德舆说："天下大计，仰于东南。"韩愈则更明确地

图 6 扬州古运河

声称:"当今赋出于天下,江南居十九。"隋朝开凿的大运河,主要目的原出于沟通南北交通,加强联系,至此则进一步成为朝廷的财政生命线。唐朝后期,与北方经济的凋敝相比,南方经济发展取得了进一步的成果。农业方面,水田耕作技术有很大提高,牛耕逐渐普及,兴建了不少水利工程,丘陵山区得到大片开发,出现一批新的人口聚落,茶树等经济作物的种植更加广泛。手工业方面,丝织业开始推广,其技术逐渐赶上并且超过北方。造船、制瓷、制盐等行业均有显著发展，食盐专卖成为唐王朝的重要财政收入。商业方面，城市的繁华大大压倒北方，长江下游的扬州和上游的益州被称为"扬一益二"。特别是作为运河枢纽的扬州，（图6）在唐朝后期几乎具有全国经济中心的地位，其城市生活之丰富侈靡为万千唐人所倾倒，甚至有"人生只合扬州死"，"天下三分明月夜，二分无赖是扬州"的夸张诗句。基层市场"草市"的大量涌现，海外贸易的活跃，也都引人注目。因此可以说，全国经济重心南移，主要的进程发生在唐朝后期。

（二）宋朝：经济重心南移的完成

尽管全国经济重心南移主要发生在唐朝后期，但南移的结果在宋朝才完全确定下来。

唐末大动乱中，南北方经济都受到严重破坏。但五代十国时期，南方经济恢复较为顺利。各个割据政权拥兵自保，摆脱了向北方输送财赋的经济压力，从而有了进一步兴修水利、发展农业的余力。而北方朝代更迭频繁，战乱不休，所以南北经济差异继续扩大。据北宋初年乐史编纂的全国地理总志《太平寰宇记》所载全国户数，秦岭、淮河以南的户数已占到全国59.1%，以北仅有40.9%。这个数字与上文所引唐玄宗天宝年间的南北户口比例相比，差了13.6个百分点，而且是转折性的差别。10万户以上的州和府，北方有2处，南方却有3处；5到10万户的州，北方有5处，南方却达到17处。从此以后，全国户口分布南多北寡的格局已经形成，北方的户口数再也没有超过南方。

北宋建国之初，放弃汉唐旧都长安和洛阳，定都于无险可守的东京汴梁（今河南开封），主要就是出于接近漕运、依赖南方供给的考虑；而宋朝开国君臣的统一方略先南后北，其原因很大程度上也在于利用南方财赋。在北宋统治的一个半世纪里，北方经济较之晚唐五代有了很大恢复。但受与辽、夏战争的影响，加上黄河又屡发水灾，故经济恢复程度仍受牵制，难以追赶南方。南粮北运不但未见终止，其规模反而继续扩大。唐朝南粮北运的最高数字，在一年300万—400万石之间，北宋则年平均运粮达到600万石，最高时有700万石。隋朝大运河的通济渠一段，在北宋称为汴河，是东南地区漕运粮食、物资到东京的主要通道。《宋史·食货志》将其称为北宋王朝的"建国之本"，说："唯汴水横亘中国，首承大河，漕引江、湖，利尽南海，半天下之财赋，并山泽之百货，悉由此路而进。……汴河乃建国之本，非可与区区沟洫水利同言也！"

南方财赋北运的成倍增加，是以南方经济继续大幅度发展为前提的。前文曾经提到，宋朝的粮食亩产量比唐朝上升，这一上升尤以南方表现得最为明显。北宋人秦观说："今天下之田称沃衍者，莫如吴、越、闽、蜀。其一亩所出，视他州辄数倍。"如果说唐朝后期，南方经济优势仅是初露头角的话；那么入宋以后，南方经济发展的巨大潜力已经在各个方面充分地表现出来。

就广度而言，南方充分利用劳动力，开垦荒地，以至山谷峻岭。梯田在南方丘陵、山区比比皆是。南方农业部门众多，因地制宜发展生产，如多种多样经济作物的种植和水产、海产资源的开发利用，都具有北方所不具备的条件。尽管南方人均耕地少，生活资料却比北方丰富，生活质量也更讲究一些。大文豪欧阳修在朝中任官时，他的一位僧人朋友慧勤离京回杭州。欧阳修赋诗送别，对东南地区饮食居处环境大加赞颂，同时却略带调侃地贬抑了东京的生活条件。诗中写道：

> 越俗僭宫室，倾赀事雕墙，佛屋尤其侈，耽耽拟侯王。文彩莹丹漆，四壁金焜煌。上悬百宝盖，宴坐以方床。胡为弃不居？栖身客京坊，辛勤营一室，有类燕巢梁。南方精饮食，菌笋鄙羔羊，饭以玉粒粳，调之甘露浆。一馔费千金，百品罗成行。晨兴未饭僧，日昃不敢尝。乃兹随北客，枯粟充饥肠！东南地秀绝，山水澄清光，余杭几万家，日夕焚清香。烟霏四面起，云雾杂芬芳。岂如车马尘，鬓发染成霜。三者孰苦乐？子奚勤四方？……人情重怀土，飞鸟思故乡。夜枕闻北雁，归心逐南樯。归兮能来否？送子以短章。

另外宋神宗时王安石变法中有一项"募役法"，将原来在民间按户等轮流佥派差役的做法，改为征收"免役钱"雇募他人应役，引起激烈的争议，其中也有南、北差异的因素。由于南方经济水平较高，原来承担较多差役的中上户宁愿支付一些货币以换取生产时间，进一步增加收入，因此比较欢迎募役法；而北方除农事外较少创收途径，农民"出钱难于出力"，对募役法自然就觉得不便了。当时的变法派以南方人为核心，而反变法派的领袖多为北方人，从这个角度看并不是完全偶然的。

就深度而言，南方精耕细作的水平超过北方。轮作制在宋代南方已经相当普及，已见前文述及。而且南方农产品商品化程度更高，商业性农业和多种经营呈现相当繁荣的景象。桑树、苎麻、棉花、茶树、桐树、荔枝、龙眼、甘蔗、大豆等经济作物的种植，已使部分农民以商品生产为生，他们与市场的联系比传统自然经济下的农民更加频繁。南方拥有许多北方没有的经济作物，其商品率大大高于粮食作物，茶叶就是显著的例子。据估计，宋代每年投放市场的茶叶总值达100万贯，仅此一项，就使北方的经济作物及其加工业相形见绌。以农产品为原料的手工业生产，如丝织、麻织、棉织、榨糖、榨油等行业，随着农业商业化和多种经营的发展而进步，其他手工行业也跟着受到带动。在北宋朝廷的工商禁榷等非农业税收入中，盐、茶、银、铜税收占了相当大的比重。这四项手工业产品，大部或全部都产自南方。

因此，尽管北宋的政治重心在北方，北方经济也有比较明显的恢复和发展，然而就全国范围来看，经济重心南移的趋势却是有增无减。北宋后期，南方户数在全国所占比例，已经超出三分之二。据《宋史·地理志》所载资料，当时全国20万户以上的大州，北方仅有11处，南方则达到44处。到12世纪初女真入侵，北宋灭亡，北方再遭战火蹂躏，又一次有大批人口南渡，则更是完全奠定了南方的经济重心地位。

在南宋，东南地区继续保持着明显的经济优势。两浙路和江东路的圩田区，是当时的稳产高产田集中地，有"苏（苏州）湖（湖州）熟，天下足"或"苏常（常州）熟，天下足"的谚语。此外，西南四川地区、特别是成都平原的经济地位也更加突出。在北宋末的徽宗崇宁元年（1102），四川地区有户198万，占全国总户数2026万的9.8%。到南宋，一方面版图缩小，户口下降，另一方面四川在吸纳外来流民的基础上户口继续增长，因而四川户数在南宋总户数中的比重大大上升。高宗绍兴三十二年（1162）四川户数266万，占南宋当时总户数1158万的23%。人口最为密集的成都府路，据宁宗嘉定十六年（1223）统计数字，平均每平方公里多达20.8户，折合约百人。南宋川陕驻军军粮每年150万石，全部出自四川，这一数字占南宋全境每年军粮总数的三分之一。四川的茶叶产量占南宋全境一半以上，政府在四川的酒课收入也几乎占到酒课总收入的一半。

  南方经济发展带动文化发展，进而提高了南方人在政治舞台上的地位，这在宋朝也有明显的表现。唐朝宰相中，十分之九出自北方；而北宋宰相72人中，南方人已占到31人。当时有"东南之俗好文，西北之俗尚质"的说法，由于南方文化发达，南方人在全国统一的科举考试中优势明显。北宋后期迫于形势，采取南、北分卷制度，特许北方五路别考而单独录取，以维持取士人数的均衡。但这又带来了录取水准南高北低、标准不一的问题。南宋立国南方，南人顺理成章地在政府中占了压倒多数，以致陆游专门向皇帝进呈《论选用西北士大夫札子》，批评"班列之间，北人鲜少，甚非示天下以广之道也"。对比七八百年前的东晋南朝，政权虽在南方，掌权的却是北方南来的"侨人"及其后裔，格局大异，确实给人以"天运循环，地脉移动"的感觉。

中国古代经济重心最终由北方移到南方，是由以下三种因素所造成的。首先，掌握比较先进生产技术的劳动者大量增加（主要是历次由北方南徙的移民），使南方生产力构成中的主导力量大大增强。对江南水田农业超过华北旱田农业起关键性作用的育秧、移秧技术，很可能就是从原先北方的水稻移植技术演变而来的，而这种技术的传入南方，自然与北方移民的南徙分不开。其次，先进的生产工具、主要是南朝以后发展起来的优质铁农具的广泛使用，使林莽丛生的广大丘陵山区的大规模开发成为可能。南方优越的自然条件一经与先进的生产工具相结合，便会产生出超乎北方之上的生产能力。第三，南方气候温湿，各类作物与北方相比一般具有生长期短、产量高的优点，从而使南方农业具备生产周期短、生产率高的优越性。另外许多不宜在北方生长的经济作物，在南方却能得以广泛种植。从这些因素来看，南方取代北方的经济优势地位，的确是势所必至。

（三）元朝：南北经济差异的继续扩大

在蒙古统一全中国的过程中，南北方所受影响程度不同，北方征服早、破坏重，南方征服晚、破坏轻。加上此前经济重心已经南移，因此到元朝，南北方的经济差异进一步加大了。

蒙古与金朝的战争持续了20多年，战争中屠杀之残酷，于史少见。按蒙古的军法，凡是进行抵抗的城池，攻破后除工匠等专业人才外，城中居民一律屠戮。战乱引起的饥馑和疾疫，又使劫后余生的百姓大批死亡。人口掳掠也非常严重，贵族、军阀在战乱中大量役占私属奴婢，称为驱口，据说其数目"几居天下之半"。经过战争浩劫，中原户口大幅度减少。金章宗泰和七年（1207），金朝境内有户768万，口4580余万。而蒙古于灭金前后的1233、1235年两次在中原括户，仅得户110余万。元世祖忽必烈即位后，北方经济逐渐恢复。但总的来说，北方在全国经济中的地位比过去更显下降。而在元朝攻灭南宋的战争中，除四川外，南方所受破坏要比北方要轻得多。东南地区经济恢复较快，基本维持着宋代的水平，在某些方面还有进一步的发展，成为元朝政府主要的财政来源。南宋遗民郑思肖说："北地称真定府最为繁华富庶，有南人北游归而言曰，曾不及吴城十之一二。他州城郭，更荒凉不足取。……一废于靖康，再废于金亡，中原太平规模，尽为寒烟衰草之荒凉。所以鞑人（按指蒙古人）绝望江南，如在天上。"他的话或许不无夸张之处，但一定程度上确实反映了当时南北经济差异的现实。

据《元史·地理志》所载各地户口数字，元朝全国五分之四的人口集中在江南的江浙、江西、湖广三行省。这三个行省人口比较密集，土地兼并和贫富分化也比北方严重，地主经济更加发达。在福建崇安县，居人口比例九分之一的地主共占有全县六分之五的土地。一些南方地主被时人称为"富蛮子"、"多田翁"。有的人役使佃户两三千家，一年所收地租高达20万—30万石。元朝后期的江南地区，甚至出现每年收谷数百万斛（元制两斛一石）的巨富。另外元朝政府控制的官田，很大一部分是从南宋朝廷承接过来的，主要位于江浙行省。在这样的背景下，元朝财政严重依赖江南，就毫不奇怪了。江浙、江西、湖广三行省的税粮总数占全国一半以上，其中仅江浙一省即超出全国的三分之一。《元史·食货志》说："元都于燕，去江南极远，而百司庶府之繁，卫士编民之众，无不仰给于江南。"为将南方财赋顺利北运，元廷不仅重新开通大运河，还创造性地开辟了海运航线。当元末农民起义截断了漕运和海运通道时，元朝也只有灭亡一途了。

尽管元朝政府在财政上依赖南方，但在元朝的民族等级制度中，南人却位居最末。因此在元朝，南方人的政治地位远远不能与宋朝相比。不过，由于具有经济优势，不少南方地主仍然可以通过各种手段谋取政治势力。手段之一是把持官府。出任江南州县长官的蒙古、色目贵族大多昧于政事，又不熟悉环境，治理地方不得不依赖于当地土豪大姓。在后者花费重金拉拢利诱之下，贪官污吏往往唯命是听。有的地主则直接出任基层职务，规避徭役，武断乡曲。另一项手段是买官，即挟巨资北上京师，交结朝中贵族，营求官职。少数民族诗人萨都剌的一首《江南怨》，形象地描述了这种情况：

> 江南怨，生男远游生女贱。十三画得蛾眉成，十五新妆识郎面，识郎一面恩犹浅，千金买官游不转。侬家水田跨州县，大船小船连淮甸，买官未得不肯归，不惜韶华去如箭。杨花扑檐飞语燕，疏雨梧桐闭深院。人生无如江南怨！

萨都剌另外一首诗里说："南人求名赴北都，北人徇利多南趋。"这在元朝是常见现象。江南地主能够在一定程度上突破民族等级制度的限制，主要是由经济力量所决定的。当明朝恢复了汉族统治后，一切又回到常态，南方人在全国政治舞台上的优势地位继续保持。明太祖洪武三十年（1397），科举会试的录取名单竟然全部是南方人，引发北方士子攻讦，导致多名主考官被杀，史称"南北榜案"。此后明朝科举会试被迫仿照宋朝的办法，分南、北两榜分别录取。

　　最后需要补充的是，尽管全国经济重心已经南移，但就南方而言，不同地域的发展是很不平衡的。经济最发达、并始终保持领先地位的主要是长江下游地区。浙东、福建、两湖地区经济虽有明显发展，但发达程度与长江下游还有一定距离。两广仅广州附近因外贸而繁荣，大部分地区仍比较荒僻。四川在唐宋属于经济先进地区，但宋元之际受到战争的严重破坏，元气长期难以恢复。南方经济更全面的发展，则是明朝中叶以后的事了。

第二章 工商业及相关问题

一 手工业

隋唐宋元时期的手工业,包括官营、私营两种形态,另外还有农民的家庭手工业。官营手工业的劳动者,在唐朝很大一部分属于贱民阶层,如官奴婢、官户、杂户之类。宋朝使用部分厢军和罪犯,此外即从民间差拨或雇佣工匠。自唐及宋,出自雇募、身份比较自由的劳动者在官营手工业中所占比例渐趋上升。但元朝打断了这一趋势,主要由政府佥派的匠户在官营手工业中进行劳动,他们受到的人身束缚是比较严重的。这种情况延续到明朝前期。与官营手工

图 7 唐丝织成衣

业相比,私营手工业规模相对较小,但代表商品经济发展的进步趋势。具体行业方面,值得注意的主要有纺织、陶瓷、矿冶、造船、造纸等。

(一) 纺织业

纺织业主要为丝、麻纺织。南宋到元朝,棉纺织业也有了初步的发展。

唐代丝织品的种类很多,工艺比较精细的主要有绫和锦,其次则为绢。绢和绫、锦的具体花色品种更是纷繁复杂,争奇斗艳。(图7)据唐朝官修政书《唐六典》记载,在玄宗开元年间,全国产的绢共分八个等级。上等绢主要产于河南道,其中尤以宋州(今河南商丘)、亳州(今属安徽)产绢质量最高,列第一等。郑州、汴州(今河南开封)的绢为第二等。《太平广记》记载唐朝后期的一种"轻绢",一匹长达四丈,而重量只有半两。史书所载唐代绫、锦的名目,绫

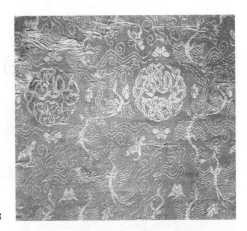

图 8 唐代飞凤蛱蝶团花锦

有独窠绫、两窠绫、细绫、瑞绫、白编绫、二包绫、熟线绫、小文字绫等，锦有大张锦、软瑞锦、半臂锦、杂色锦、长行高丽白锦等。按图案花样分，又有盘龙、对凤、麒麟、狮子、天马、辟邪、孔雀、仙鹤、芝草、万字、双胜等不同种类。（图8）近几十年来，考古工作者在唐代墓葬中发现了大量的丝织物，其织造工艺之精湛，令人叹服。如吐鲁番阿斯塔那唐墓出土的锦鞋，鞋面用八种不同颜色的丝线织成，图案为红地五彩花，以大小花朵组成团花为中心，绕以禽鸟行云和零散小花，外侧又杂置折枝花和山石远树。近锦边处，还织出三厘米宽的宝蓝地五彩花卉带状花边。整个锦面构图复杂，花色绮丽，完全可与现代丝织物相媲美。

宋代丝织业更加发达，南方的丝织水平已经赶上并超过北方。仅四川生产的蜀锦就有几十个品种，被称为"天下第一"。全国著名产品，主要有亳州轻纱、抚州（今属江西）莲花纱和醒骨纱、婺州（今浙江金华）红边贡罗、东阳（今属浙江）花罗、越州（今浙江绍

图 9 宋代缂丝

兴）寺绫、邵州（今湖南邵阳）隔织、定州（今河北定县）缂丝等等。其中，缂丝技术始于唐代，到宋代有了重大发展。一般丝织品织造时都是经纬线通贯到底，缂丝则不同，经线贯通，纬线弯曲，称为"通经回纬"或"通经断纬"，成品的花纹图案富于立体和镶嵌感，"承空视之，若雕镂之象"，有如刻镂而成，故亦名"刻丝"。（图9）缂丝不仅可以织出各种规则的几何图案和花纹，还能织出不规则的复杂花色，"虽作百花，使不相类亦可"。连画家的绘画作品，也可以用缂丝技术复制出来，成为精美的工艺品。

元朝受到波斯、中亚地区丝织技术影响，大量生产含金的丝织品，即织金锦。其制作技术，是将金箔切成细条或拈成金线，与丝线夹织。产品金光夺目，雍容华贵。这种技术主要在官府手工业中使用，为上层贵族生产高档衣料。

麻织品亦即麻布。《唐六典》将唐朝中叶全国出产的麻布分为九个等级，优质麻布主要产于南方。宋代麻布生产也以南方为主，尤以广西生产的苎麻布最为知名。此外的著名产品还有明州（今浙江宁波）象山女儿布、平江（今江苏苏州）昆山药斑布、江西虔布等。

中国古代的棉纺织品，最早出现于海南岛、云南、西域等边陲地区。南宋时，棉纺织技术已在江南开始传播。元朝前期，年轻时流落到海南岛的松江（今属上海）妇女黄道婆，将海南岛的制棉工具和棉纺织技术带回到松江，在结合当地原有纺织工艺的基础上，又进行了若干发明、革新。原来除去棉籽采用手剥的办法，黄道婆则创制了轧棉籽用的搅机。原来弹棉花使用线弦竹弓，黄道婆改用强而有力的绳弦大弓。她还设计出纺纱用的三锭脚踏纱车，改进了织机和提花技术，大大提高了棉纺织的工作效率。松江人民在黄道婆影响下，纷纷从事棉纺织生产，改善了生活水平。为纪念黄道婆的功绩，元朝后期为她建立了祠庙，岁时祭祀。后来到明清两代，松江长期保持着全国棉纺织业中心的地位。

（二）陶瓷业

在唐代，制瓷业已完全从制陶业中分离出来，瓷窑遍布全国。瓷器在社会生活中部分地取代了陶器，在上层社会尤其如此。但陶器制造仍然有值得称道的进步，那就是"唐三彩"的烧制。唐三彩是一种施釉陶器，釉彩的主要色调为黄、绿、白三种颜色，因而得名。它是以白色黏土作为陶胎，用含有铜、铁、钴、锰等元素的矿物作

图 10 唐三彩载乐骆驼

为釉料着色剂,并在釉料中加入适量的铅作为助熔剂烧制而成的。通常采用二次烧成法,第一次烧胎,第二次烧釉。烧制过程中釉里的金属被充分氧化,于是呈现出金属氧化物的各种颜色,如绿、黄、褐、蓝、茄紫等。同时釉料在受热熔化时向周围扩散、流动,致使各种颜色互相浸润交融,釉彩斑斓夺目。另外由于铅的作用,釉面也更加光亮美丽。唐三彩在当时主要用于随葬和厅堂陈设,样式和造型丰富多彩,应有尽有。诸如射猎的贵族、牵驼的胡商、丰腴的贵妇、恭谨的文吏与侍女、威猛的武士与天王、负重的骆驼、(图10)挺立的骏马,乃至房屋家具、日用器皿等等,实际上成为唐代社会

图 11 唐越窑青瓷八棱瓶

风貌与生活情趣的直接记录。唐三彩开创了三彩器这种陶器类型，以后还出现过辽三彩、宋三彩等同类器物。

　　瓷器在中国古代出现很早。它与陶器、包括唐三彩这类施釉陶器在制造方法上的区别，一是降低了胎质中黏土的含铁量，二是施釉一次烧成，三是烧制温度更高。成品坚硬不吸水，敲击响声清脆，比陶器更加美观、耐用。最早的瓷器都是青色。到唐代，青瓷也仍然是瓷器的主要类型，而制作工艺更高，釉色更为明亮光润。同时，已经出现一种新的瓷器类型白瓷，它是通过对瓷土进行洗练、并减少釉料中铁的比例而烧制的。到唐朝后期，白瓷已与青瓷齐名，并列成为当时瓷器的两大流派。越州（今浙江绍兴）的青瓷（图11）和邢州（今河北邢台）的白瓷最负盛名，前者被喻为如玉如冰，后者被喻为似银似雪。

宋代是我国制瓷业发展史上的高峰期。20世纪后半叶，考古工作者在全国19个省、市、自治区的170个县发现了古代瓷窑遗址，其中有宋窑的多达130个县，占总数的75%。宋代的制瓷工艺有很多革新与创造。例如普遍应用"火照"的办法来检查烧制过程中窑炉的温度与气氛，以保证尽可能高的成品率。还有采用"覆烧法"，将瓷器放置于由垫圈组合成的匣钵内进行烧制，一次可烧多件，能够充分利用窑炉空间，扩大批量生产以降低成本。瓷器在社会上更为普及，产量大增，成为对外贸易的重要出口产品。

在技术发展的基础上，宋代制瓷业形成了多种瓷窑体系。对窑系进行区分的根据，主要是各窑产品工艺、釉色、造型与装饰的异同。陶瓷史专家根据这些因素，归纳出宋代的八大窑系，分别以北方的定窑、磁州窑、钧窑、耀窑和南方的景德镇窑、越窑、龙泉窑、建窑为代表。传统鉴赏家的说法，则是宋代有"五大名窑"，分别为定窑（在定州，今河北定县）、汝窑（在汝州，今河南临汝）、官窑（在汴梁，今河南开封）、钧窑（在钧州，今河南禹县）和哥窑（在处州，今浙江龙泉）。"五大名窑"的特点是不仅重视釉色之美，而且更追求釉的质地之美。在传统的透明玻璃釉之外，创造出利于展露质地美的乳浊釉和结晶釉。即使是玻璃釉，其配方也改用黏稠的石灰碱釉，或经多次施釉，形成凝重深沉的质感。定窑的特色产品是薄胎白瓷，有印花、刻花、划花等不同装饰技巧。（图12）汝窑生产带有较细纹片的青瓷，釉色天青，质感莹润，有如堆脂。官窑所产也是青瓷，青色中带粉红，并有蟹爪纹。钧窑釉中含铜，因而烧出的釉色蓝中带红或带紫，色如玫瑰、晚霞。哥窑釉色浅淡而釉层较厚，纹密而重，如同冰裂开片，具有刻意制作的缺陷之美、瑕疵之美。这些名瓷在陶瓷美学方面开创出了新境界，具有巧夺天工的鉴赏价值。

元代瓷器的新产品是青花瓷和釉里红，其共同特征为釉下彩绘。古代彩瓷分为釉上彩和釉下彩两种。在已上釉入窑烧毕的瓷器上彩绘，再用炉火烘烧者称釉上彩；先在胎胚上画好花纹图案，然后上釉入窑烧制者称釉下彩。釉下彩瓷面光洁，花纹图案稳定不褪色，质量更好。青花瓷上的青蓝色来自釉药中的氧化钴，釉里红的红色则来自氧化铜，其色调随着火焰性质和温度高低会有很大变化，要想获得理想的颜色，保证图案不失真，就必须严格掌握火焰性质、火候以及釉药配置的准确度，制造难度很大。青花瓷和釉里红的成功烧制，反映出元代制瓷技术比宋代又前进了一步。（图13）

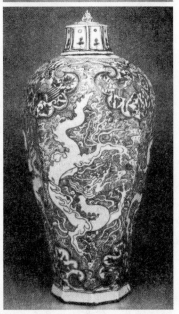

上：图12 金代定窑盘
下：图13 元青花瓷海水龙纹瓶

(三) 矿冶业

矿冶业是唐代官府手工业的重要行业，由中央的少府监主管。民间经营的也有不少，除西部和北部边境诸州外，其他地区的矿藏均允许私人采炼，由官府征收矿税。据《新唐书·地理志》记载，全国产金地有17处，银35处，铜63处，铁104处，锡16处，铅7处。而据《新唐书·食货志》，仅在陕、宣、润、饶、衢、信几个州，即有银冶58处，铜冶96处、铁山5处，锡山2处，铅山4处，在汾州有矾山7处。关于当时的采矿技术，史料记载很少。根据有关专家对西安南郊何家村出土银器冶炼遗址金属残渣的化验研究，得知唐代的冶银过程是先将铅、银矿的共生矿石击碎，冲去沙石，选出真矿，烧成含银成分高的铅坨，将它放置在灰窠内。然后鼓风以燃炭火，熔化铅坨，铅入灰中，银则存于灰窠之上。这种办法被称为"灰吹法"。残渣中含银极少，可见唐代炼银技术已具相当水平。

铸造工艺有了进一步的改进。由于造范与合铸技术的进步，已经能够造出一些大型、特大型金属铸件。武则天时在洛阳用铜、铁铸造"大周万国颂德天枢"，高105尺，共8面，每面长5尺，下有铁山，周长170尺，共用铜、铁200万斤。可惜这件歌功颂德的金属纪念碑后来被毁，今天已经看不到了。山西永济出土的四尊唐代镇河铁牛，每尊铁牛长2.64米，宽1.65米，高1.32米，体积约为4立方米，重量约25吨。五代时期铸造的沧州大铁狮，高5.4米，长6.3米，宽约3米，重达40吨，是我国现存最大的古代铁铸件。与这些庞然大物相比，现存的唐代金银器则以玲珑精巧著称，反映了当时金属切削、抛光、焊接、铆、镀、刻凿等工艺的成就。

宋代采矿业中，除各种金属矿藏外，煤炭的广泛开采是值得大书特书的事件。当时称煤炭为"石炭"。据称东京开封及附近地区上百万户人家，生活燃料全都使用石炭，不再使用木柴。河东路（今山西）是最大的煤炭产地，史书记载由于当地"地寒民贫"，不少百姓"仰石炭为生"。在河南鹤壁发现的北宋煤矿遗址，井径2.5米，深达46米，地下主、辅巷道共长500余米。煤的开采和使用，对金属冶炼是一个极大的推动。苏轼《石炭》诗这样描写燃煤炼铁的景象：

根苗一发浩无际，万人鼓舞千人看。投泥泼水愈光明，烁石流金实精悍。南山栗林渐可息，北山顽矿何劳锻？为君铸作百炼刀，要斩长鲸为万段！

石油的使用在宋代也见于记载，有了初步的石油加工技术，制造火器以供作战。不过基本上还只限于对地表石油的利用，尚未形成有意识的挖掘开采。

金属冶炼在宋代有飞跃性的发展。这一方面与燃料的改进和一些具体技术的进步有联系，另一方面也是由生产规模扩大造成的。宋朝统治者十分重视矿冶活动，设立了为数众多的监、冶、场、务机构进行组织和管理。但官营矿冶业管理僵化，剥削苛重，影响生产，所以在许多地方不得不采取民营方式，官府立额抽分。如朝廷设在徐州管理冶铁的利国监，下辖36冶，均由有钱的"大家"承包。宋廷每年从全国官、民冶铁业收缴的铁课数额，以英宗治平年间

(1064—1067)为最高,达824万斤,比唐朝后期高出三四倍。而据外国学者推算,北宋元丰元年(1078)全国铁产量在7.5万—15万吨之间,这个数字相当于1640年英国的2.5至5倍,且可与18世纪初整个欧洲的铁产量14.5万—18万吨相媲美。宋代煤的广泛使用和冶铁业的巨大发展,被一些学者誉为"煤铁革命"或"黑色革命",在中国古代经济史上具有重要意义。遗憾的是,这场"革命"并未在以后的朝代持续下去,也没有引发生产关系的变革。其他金属的冶炼也大都近似。如由朝廷严格控制的铜、铅、锡,最高达到每年征收铜1460万余斤、铅近920万斤、锡232万余斤,其高额产量在当时世界上都是遥遥领先的。

宋代具体冶金技术的进步,主要有两项。一项是灌钢技术的普及和改进。灌钢技术在唐以前即已出现,其操作过程是将生、熟铁混杂锻打,使生铁中的碳分均匀地渗入熟铁之中,从而锤炼成钢。到宋代,它基本上完全替代了更为陈旧的百炼钢技术,并且灌炼次数减少,效率更高。另一项是胆水浸铜法的推广。所谓胆水浸铜,指的是将铁置于胆矾(硫酸铜)溶液中,用铁置换铜离子,从而提取出纯铜。宋代铜产量大大提高,是与这项技术的普遍应用分不开的。

(四)制盐业

唐宋时期盐的生产,分为海盐、池盐、井盐三大类。海盐生产主要采取煎的方法。根据盐田地势高下和沙土情况,采取不同的办法将盐料搜集起来,最常见的是用秸秆灰吸收盐田中的盐分,制成灰盐。然后进行淋卤,以海水浇淋灰盐,制成浓度较高的盐卤。最

图 14 宋海盐生产图

后的工序为煎炼,即将盐卤放在盘中加热蒸发,析出固体食盐。(图14)池盐生产最初只是自然结晶,集工捞采,唐代起开始在池旁空地上开垦盐畦,将池中卤水导入畦中,利用日光和风力蒸发结盐,这就是晒盐法,亦称"种盐"。到元代,福建地区的海盐生产也开始采用晒盐法。

井盐主要产于四川、云南,以掘井方式开采。唐代盐井属于大口井,由劳动者人力挖凿,但开挖深度超出前代,并因而发展出一套加固井壁的技术手段。北宋仁宗时期,在四川出现了一种新的开采井盐技术,其特点是小口深化,称为卓筒井。以前的大口井直径至少可以容纳一人,卓筒井直径则仅有碗口大小,采用冲击式顿钻开凿的技术汲取地下盐卤,可以挖到几十丈的深度。对于防止地下淡水渗透和及时提出岩屑,都通过机械装置进行了成功处理。这实际上就是近代开采石油所用深井钻凿技术的起源。

（五）造船业

隋唐时期的造船业已有很大规模。隋朝灭陈时，在长江上游的永安（今重庆奉节）打造战船，造出的大船有5层楼，高达百余尺，装有长50尺的拍竿6根，用来拍击敌船。这种大战船号称"五牙"。隋炀帝经由大运河南巡江都（今江苏扬州），所乘"龙舟"高45尺，阔50尺，长200尺，起楼4层，上层有正殿、内殿和东西朝堂，中间两层有120个房间。唐代制造的大型海船，同样长200尺，可载六七百人，运货万斛。海船的船体结构比内河船只更为复杂，对船体强度和平衡性的要求更高，制造大型海船因此也更有难度。原料除木材外，还要使用大量的铁钉、石灰、桐油、木炭。唐朝中叶以后，在东亚、东南亚和南亚海上航行的商船，基本都出自中国制造。另外，唐朝后期还出现了装置桨轮、用脚踩踏驱动船只的车船，是现代轮船的始祖。

宋代造船业的中心有明州（今浙江宁波）、温州、台州（今浙江临海）、婺州（今浙江金华）、虔州（今江西赣州）、吉州（今江西吉安）、潭州（今湖南长沙）、鼎州（今湖南常德）、斜谷（今陕西眉县西南）等处，朝廷在这些地方设有造船务，监造官船。宋太宗时，各州每年造船3337只。民营的造船作坊也有很多。造船的基本类型，有沙船、福船两类。沙船的特点是方首、平底，船体粗大，吃水浅，适于在浅滩上航行。福船的特点是尖首、尖底，吃水深，利于破浪，易于转舵，适宜在狭窄、多礁石的航道航行。1974年，在福建泉州发掘出一艘宋代海船，属于福船类型。船身原长约34.55米。宽约9.9米，深约3.27米，排水量达374.4吨。船底有13个船舱，从龙骨到舷侧共有14行船板，最厚的地方分为三层叠合，共18厘米。据研究，这艘船结构合理，坚固耐用，具有良好的航海性能，反映了宋代造船业的技术水平。

由宋朝到元、明，制造大型海船的记载不绝于书。北宋末年徐兢撰写的《宣和奉使高丽图经》记载，当时宋朝出使高丽的船队，有"客舟"、"神舟"两种船只。客舟长10余丈，深3丈，阔2.5丈，可载粟2000斛；而神舟的长阔高尺度，载重量和所载人数，都是客舟的三倍。徐兢对这种"神舟"夸赞不已，称它"巍如山岳，浮动波上，锦帆鹢首，屈服蛟螭，所以晖赫皇华，震慑海外，超冠今古"。南宋人周去非《岭外代答》则记载，由两广下南海进行远洋航行的船只，"舟如巨室，帆若垂天之云"。除货物外，船中装载的粮食够船员食用一年，甚至还可以在船里养猪、酿酒。14世纪上半叶，阿拉伯旅行家伊本·拔图塔在南洋见到的中国船，大者有12帆，载有水手600人，兵士400人。明初郑和下西洋所乘的大船，更是闻名于世，号称"宝船"，"体势巍然，巨无与敌。篷帆锚舵，非二三百人莫能举动"。宝船的尺度，各种史料都说其长度为44.4丈，宽18丈。折合为现在的计量单位，则长约140米，宽57米。虽有不少学者怀疑上述数字的准确性，但根据上面提到的唐、宋、元诸朝所造大船的资料来看，这个惊人的尺度也不是没有可能的。

（六）造纸业

造纸术发明以后，造纸逐渐发展为一门独立的手工业。到唐代，纸的生产已经相当普及，基本上成为一种生活必需品。不仅纸的质量有了提高，而且随着造纸原料的开拓，纸的分类也更加细致。最常见的是麻纸。唐代官府行政文书通用白麻纸，军事文书用黄麻纸。四川出产的麻纸数量大，质量也好，在当时最为有名。其次为藤纸，主要出产于浙东地区的衢州、婺州、信州等地，坚韧光滑，便于书写。以皇帝名义下达的文书多用藤纸，根据具体内容又有白藤纸、青藤纸、黄藤纸之分。树皮纸在唐代开始比较大量地生产，著名的宣纸就是用青檀树皮制造的，在唐代已经出现，并且作为地方特产进贡朝廷。在造纸技术方面，唐代已经有明确的生纸、熟纸之分。从纸槽抄出烘干，即成生纸；再加以砑光、捶浆、涂粉、施胶等处理工序，则成为熟纸。如进一步进行涂蜡、洒金、染色之类加工，则可以造出比较高档的名纸，如水纹纸、金花纸、银花纸、薛涛笺、十色笺等等。

在宋代，竹纸的制造技术开始成熟，成为造纸业中后来居上的新品种。随着社会文化水平的提高，各类纸张的产量都增加很多，一般都达到薄、软、轻、韧、细的水平，还能造出长达数丈的巨幅纸。将时称"纸药"的某些植物黏液添加到纸浆中，起到悬浮剂的作用，对提高纸张质量帮助很大。通过各种细致入微的纸张加工、处理技术，可以造出多种多样的名贵纸和特制纸。有一种印书用的"椒纸"，具有良好的防蛀性能，可能是用花椒等芸香科植物果实浸水处理制成的。纸张的使用更为广泛，除书写和各种纸制生活用品外，还被用来印制纸币和制造纸壳爆炸火器。北宋苏易简著有《纸谱》，是世界上第一部关于纸的研究专著。

二 交通

隋唐宋元时代，交通事业十分发达，不仅在国家行政管理方面发挥着重要作用，对于全国各地的经济文化交流、商品经济的繁荣、商业的发展，都形成了巨大的推动。

（一）陆路交通

古代的陆路交通，基本上是以国家开辟的驿道为主线。据唐玄宗开元年间的资料，唐朝全国共设驿1643处，其中陆驿1297处，水驿260处，水陆兼用驿86处。陆驿的设置原则，一般是30里置一驿，配有驿马，设驿长、驿夫。与水陆兼用驿加在一起，相当于在国内设置了1383个陆路交通站。将这些交通站连接在一起的道路，就是驿道。尽管设驿的目的是为官员、使者提供旅途服务，但驿道的受益者远远不限于此。驿的设置地点、驿道所经，一定是重要的州县，而这些地方当然也是商人和普通人往来较多的地方，他们都会尽可能地利用驿道。杜佑《通典》描述开元时期的交通情况说："东至宋、汴，西至岐州，夹路列店肆待客，酒馔丰溢。每店皆有驴赁客乘，倏忽数十里，谓之'驿驴'。南诣荆、襄，北至太原、范阳，西至蜀川、凉府，皆有店肆，以供商旅。远适数千里，不持寸刃。"

这些提供"驿驴"出租服务的店肆，显然就不同于官方的驿，是为"商旅"和普通人服务的。

驿道有干线、支线。干线是以首都和重要城市为中心的。唐代驿道由长安向外辐射，形成几条重要的交通干线。西北方向，经陇州（今甘肃陇县）、兰州、凉州（今甘肃武威）入河西走廊，再经沙州（今甘肃敦煌）到达安西都护府（今新疆库车）。西南方向，经梁州（今陕西汉中）、利州（今四川广元）越剑门关，至成都。东北方向，渡黄河经河中府（今山西永济）、太原至幽州（今北京）。正东方向，出潼关至东都洛阳，东行至汴州（今河南开封），然后可以东北行经淄州（今山东淄川）、青州（今山东益都）至登州（今山东烟台），亦可东南行经扬州、苏州、杭州至明州（今浙江宁波）。东南方向，经襄州（今湖北襄樊）东南行经鄂州（今湖北武昌）、江州（今江西九江）、洪州（今江西南昌），或南行经荆州、潭州（今湖南长沙）、衡州（今湖南衡阳），两道均可南行至韶州（今广东韶关），再抵广州。此外，如洛阳、太原、成都、扬州、洪州等城市，都是各所在区域的交通中心，辐射出四通八达的多条驿道。一般的州城，也都有道路通到临近各地。

宋代驿的性质与唐代相比有所不同。唐代的驿兼有"官旅"（官员旅店）和"邮传"（通信系统）两种职能，宋代后一种职能从驿中分出，驿成为比较单纯的官员旅店。分出的通信职能，由新设的"递铺"承担。递铺设置比较密集，每18里或20、25里即设一铺，负责传送文书。根据文书的紧急程度规定传送速度，一昼夜行200至500里不等。但无论驿或递铺，都还是设在驿道沿线。驿道的性质

图 15 元急递铺令牌

与唐大体类似,只是因首都易地,驿道系统的中心由长安转到了开封,主要干线也有一些变化。宋朝统治者十分重视对驿道的管理和维修,在驿道两旁通常都要求栽种树木,有的还开挖排水沟渠。

元代继承了宋代驿与递铺的划分。蒙古语称驿为 Jam,以汉语音译为"站",因此驿在元代被称为"驿站"或简称"站","站"的名称因而逐渐取代了古汉语的"驿",沿用至今。元代疆域辽阔,驿站系统也十分发达,史书描述为"星罗棋布,脉络通通,朝令夕至,声闻毕达";"人迹所及,皆置驿传,使驿往来,如行国中"。全国共设驿站约1500处,分为陆站、水站两大类。陆站以马站为主,又有牛站、车站、轿站、步站等种类,在黑龙江下游还有狗站,以狗拉雪橇作为交通工具。驿站服务人员从百姓中签发,单立户籍,称站户。每站站户数目往往多达上百,全国则达30万以上。递铺在元代则称为急递铺。每10里或15、25里设一铺,每铺置铺兵五人,负责传递文书,一昼夜须行400里,急件500里。(图15)驿站和急递铺都设在驿道沿线。以首都大都为中心的驿道，东连高丽，东北至奴儿干（今黑龙江口一带），北达吉利吉思（今俄罗斯唐努乌梁海地区），西通伊利、钦察两汗国，西南抵乌思藏（今前、后藏地区），南接安南（今越南北部）、缅国，延伸之广，前所未有。

（二）水路交通

在古代的交通运输中，水路是比较经济和省力的方式。因此凡是适于航行的江河水道，只要是人烟所聚，都很自然地被开辟为交通线。隋唐宋元时期，情况也不例外。杜甫《夔州歌》云："蜀麻吴盐自古通，万斛之舟行如风。"说的就是长江上下游之间的水路交通。不过中国地势西高东低，河流大多是东西走向，水路交通只能沟通东西，而很难沟通南北。弥补这一缺憾的主要办法，就是开凿运河。隋唐宋元是中国古代运河开凿的高峰期，在此基础上形成了四通八达的水道交通网，承担着比陆路交通更重的运输任务。

最重要的当然是隋朝开凿的大运河。大运河是在一些旧有河道，包括前代开凿小段运河和少量南北走向自然河道的基础上，进一步疏浚贯通而形成的，以洛阳为中心，共分永济渠、通济渠、邗沟和江南河四段。四段中最早开凿的邗沟，最初名为山阳渎，系隋文帝平陈前出于军事目的而开挖，北起山阳（今江苏淮安），向南由江都（今江苏扬州）入长江，大体是在春秋末年吴国所开邗沟的基础上重新疏凿的。炀帝时，又加疏浚，成为大运河的一部分。另外三段，都开凿于炀帝时。先开通济渠，自洛阳西苑引谷、洛二水入黄河，再从板渚（今河南荥阳西北）引黄河水东南流，经汴州（今河南开封）、

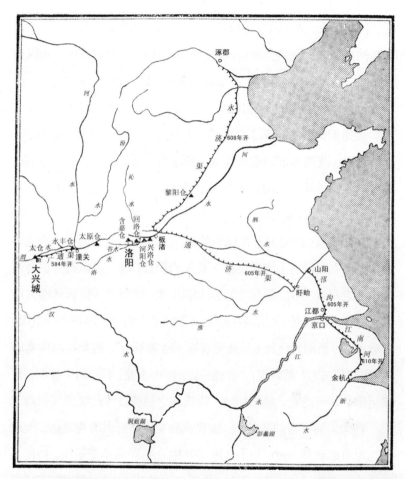

图 16 隋运河全图

宋州（今河南商丘）至盱眙（今属江苏）入淮河。通济渠和邗沟是大运河最重要的河段，隋炀帝数次经由这两段河道往返于洛阳和江都之间。复开永济渠，先疏浚沁水下游南通黄河，再从今河南武陟一带引沁水东北流，接清水、淇水，至今河北静海县独流镇折向西北，利用沽水、桑干水抵达涿郡（今北京）。永济渠长2000余里，是大运河中最长的一段。最后开凿江南河，利用六朝旧有运渠加以疏导，自京口（今江苏镇江）绕太湖之东至余杭（今浙江杭州）。全部河道长达4000余里。（图16）

大运河的开凿克服了巨大的工程技术困难，解决了开辟水源、保持水量、改造地形和克服洪水泥沙之害等难题，创造出许多卓有成效的工程设施。它沟通了海河、黄河、淮河、长江、钱塘江五大水系，把不同流域的诸多重要城市连缀在一起，大大加强了南北经济和文化联系。尽管其开凿耗费的庞大人力物力是隋朝速亡的原因之一，但它在历史上确实发挥了长久的积极作用。所以有人说开凿大运河之举是"不仁而有功"。除加强中央对南方控制、运送南方财赋支撑中央政权外，大运河在南北商业交通上的意义同样十分重大。开通不久，沿河就已经是"商旅往返，船乘不绝"。唐朝后期编纂的《元和郡县图志》总结说："自扬、益、湘南至交、广、闽中等州，公家运漕，私行商旅，舳舻相继。隋氏作之虽劳，后代实受其利焉。"

在大运河开通的基础上，唐代水路交通比过去更为发达。大运河与原有的自然河道，加上各地新开挖的近30条小型运河，构成了唐代的水路交通网。武则天时，大臣崔融奏疏中有这样的描写："天下诸津，舟航所聚，旁通巴、汉，前指闽、越。七泽十薮，三江五湖，控引河、洛，兼包淮、海。弘舸巨舰，千轴万艘，交贸往还，昧旦永日。"洛阳东南的大运河南段，与长江共同成为水路交通的主动脉。由四川顺长江而下至扬州，或由福建、两广经湘江、赣江入长江至扬州，再经运河北上入黄河，经洛阳西行由渭河入长安，这就是唐代最重要的水路交通线。扬州作为这条要道上的中心枢纽，在唐朝后期成为"舳舻万艘，溢于河次"的繁华商业城市，由于过往船只众多，河道中经常出现严重的交通拥堵现象。

北宋的水路交通网以首都东京开封府为中心，以开封四向延伸的四条运河为主干。这四条运河分别是汴河、惠民河、广济河、金水河，学者通常合称为"北宋漕运四渠"。汴河由开封向东南延伸至泗州（今江苏盱眙）入淮河，即隋朝大运河通济渠的东段。它承担着为朝廷输送东南财赋的任务，地位最为重要，被称为北宋王朝的"建国之本"。同时，也是南北商旅首要的往来通道。惠民河包括蔡河、闵河两个河段，分别由开封向南和西南延伸，进入颍水和洧水（今双洎河）。它的主要功能是将位于今天河南南部的陈、颍、许、蔡、光、寿诸州粮食和物资输送到开封。广济河亦称五丈河，由开封东流至济州合蔡镇（今山东郓城西南）入梁山泊，上接济水，沟通青、齐地区。金水河是开封以西的人工引水渠，自荥阳县境引京、索二水东流入开封，架槽横跨汴河，引至城壕东汇入广济河，主要作用是为广济河提供水源。隋唐大运河的其他段落，永济渠在宋朝称为御河，邗沟称为淮南运河，江南河称为浙西运河，都在经过整治后发挥着重要的交通作用。

宋、金对峙时期，大运河因战乱而多处湮塞。元朝统一后，重新进行疏通漕运工作。世祖至元二十六年（1289），在山东开凿会通河，起于须城（今山东东平）西南之安山，向西北达于临清，全长250余里，建闸31座。二十八年，又采纳郭守敬的建议，在首都大都的郊区开凿通惠河，引大都西北泉水东至通州（今北京通县），全长164里。经重新疏凿，运河改变了过去迂回曲折的航线，河道基本取直，航程大为缩短，运粮船可以直接驶入大都积水潭（今北京北什刹海一带）停泊，"江淮、湖广、四川、海外诸番土贡、粮运、商旅懋迁，毕达京师"。这条河道也就是今天的大运河，它在明、清两代一直发挥着重要作用。

在沟通南北联系方面，元朝还开创性地开辟了海运航线。以前的朝代虽偶有海运之例，但都是临时性的短途运输。至元十三年（1276）元军占领南宋都城临安（今杭州），得南宋库藏图籍，由归降海盗朱清、张瑄负责经海路运往大都。十九年，命朱、张等人造平底海船运粮，因风信失时延误了一些时间，但试航终于成功。此后元廷设立万户府、行泉府司等机构，由朱清、张瑄等任职，专掌海运。行期、航线逐步固定，每年二月由长江口之刘家港入海，自崇明东入黑水洋，取直线北行，绕胶东半岛入渤海，抵直沽。顺风时，十天即可驶完全程。海船在直沽交卸完毕，于五月返航，复运夏粮北上，八月再度回航。海运形成制度后，规模不断扩大，与运河共同成为元朝的重要经济命脉。据估计，在当时的南北交通运输线中，河漕比陆运的费用节省十之三四，海运则比陆运节省十之七八。

三 商业

（一）商业发展概况

中国古代的商业，在战国至西汉时出现过一个繁荣期，但从东

图 17 唐代壁画《商旅图》

汉开始趋于衰退,魏晋南北朝降到低谷。到唐朝,商业已经走出了低谷,到宋朝达到了新的高峰。

至少有以下两方面的背景推动了唐朝商业的复兴。一方面,隋唐大一统帝国的建立促进了国内交通事业建设,如运河的开凿,驿路的修建,都为商业活动提供了非常大的便利。(图17)另一方面,随着社会经济的发展,大量商品和部分剩余农产品进入市场。商品不仅数量更大,种类也更多,如茶叶、瓷器、纸张、雕版印刷书籍,都是唐代新兴的商品。

唐朝前期,沿袭汉、魏旧制,商业活动只能在指定的"市"中进行。市是专门进行商品交易的地方,设于州、县城中,有市门、围墙,与居民区"坊"相隔。每日日中开市,日没前闭市。在市内,交易的场所称为邸店。按字面原意，邸为存放货物之处，起仓库兼批发的作用，店则是出售货物之所，实际上二者往往合为一体。另外，市里还有经营车马出租或寄存的车坊，以及从事典当、高利贷的质库。在商业活动中涌现出一些资本积累雄厚的大商人。如唐高宗时，住在长安怀德坊的富商邹凤炽，"邸店园宅，布满海内，四方物尽为所收"。传说他曾经谒见高宗，请求用绢购买终南山里的树木，每绢一匹买树一棵，夸耀说，他的绢可以买尽山中全部树木，仍有富余。

唐朝后期，商业有了重大发展。一个重要表现，就是城中坊、市分隔的制度开始打破。特别在南方的新兴城市，商业区"市"和住宅区"坊"并没有进行明显的区分。开市时间也不再限于日中至日落，而是根据交易需要延长，大城市中出现了夜市。唐后期诗人王建《寄汴州令狐相公》描述汴州（开封）的情况说："水门向晚茶商闹，桥市通宵酒客行。"同作者的另一首《夜看扬州市》则写道："夜市千灯照碧云，高楼红袖客纷纷。如今不似时平日，犹自笙歌彻晓闻。"在城外，也开始出现定期的集市贸易，南方多称草市，北方通常仅称为集。这类集市往往产生于交通要道、关津渡口或城市边缘，与农村联系密切，所售商品主要为农具和农副产品。有的集市长期开设，陆续有商人定居置店，人烟渐密，因而升格为县。另外，在流通领域还出现了一些新事物。一是柜坊，亦称"僦柜"。其职能是为商人寄存钱物，收取一定的保管费用。可以根据商人签署的凭据代为支付钱货，使商人买卖商品时免去现钱交易的麻烦，类似于近代银行业。二是飞钱，亦称"便换"。当时地方藩镇均在长安设有派驻朝廷的机构，称为进奏院。商人可以在长安将钱币缴纳于某藩镇

图18 宋李嵩《货郎图》

的进奏院（藩镇），领取特定文券，而到该藩镇所在地验券提取现钱。这样就可以免于携带钱币奔走之劳，类似于近代汇兑业。

宋朝商业在唐朝后期的基础上，达到了新的高峰。农业的进步，使剩余农产品大量增加，新兴经济作物茶叶、甘蔗等也绝大部分进入市场，一些"专业化农业区"主要依赖外地提供商品粮，这都使商品流通规模继续扩大。奢侈品在商品总量中虽占一定比例，但人民日常生活用品仍然占据了市场流通总额的大部分。（图18）经济史专家傅筑夫先生指出："宋代……商业不再是为少数人服务，而变成供应广大人民的大规模商业。这在性质上是一种革命性变化。"商业市场的发展，形成了城市、镇市、草市（或墟市）三级金字塔形结构。在三级市场的基础上，全国范围内初步形成了一些较大的区域市场。著名宋史专家漆侠先生将宋代区域市场概括为四处：一是以东京为中心的北方市场，二是以东南六路为主、苏州和杭州为中心的东南市场，三是以成都府、梓州（今四川三台）和兴元府（今陕西汉中）为中心的蜀川诸路区域市场，四是以永兴军（今陕西西安）、太原和秦州（今甘肃天水）为支点的西北市场。还有学者将其分为华北、关中、四川、荆湖、东南、华南六个经济小区。无论哪种分法，总的结论是一致的，那就是宋代商品流通已不限于州县的狭小范围，而相当多地在各大区域内互通有无。

宋朝大城市的数量激增。据估计，唐时10万户以上的城市大约有十几个，北宋则发展到40多个。加上广大州县城居人口及集镇人口，北宋城市居民人数可能达到2000万以上，超过全国总人口的20%。苏轼曾说："当今……工商技巧之民与夫游闲无职之徒，常遍天下，优游终日，而无所役属。"指的主要就是这些城居的非农业人口。城市中坊、市界限已经完全打破，面街之处皆可开店，大城市夜里有夜市，凌晨有"鬼市"。城市布局多为开放型的格局，在管理上采取以街道地段为单位的"厢"制，以厢统坊，取代过去的小区封闭型管理。此外城市消费水平的提高，文化娱乐活动的丰富，夜生活的发展，与唐朝相比都有了更明显的进步。

镇的本义为镇戍、镇守，在宋以前主要指军事据点。宋朝规定"民聚不成县而有税者，则为镇"，镇的含义已变为县城以下、乡村以上设有税收机构的商业居住区，文献中往往称为镇市。北宋后期，全国镇市达到1900多个，大的镇市每年税收万贯以上，最高的有2.8万余贯，经济地位超出其所属之县。如密州板桥镇（今山东胶县）、华亭县青龙镇（今上海青浦县境）都是重要海港，宋廷在这里专门设有管理外贸事务的市舶司。著名的镇还有江西的景德镇、湖北的沙市镇等。

草市或称墟市，指乡村集市，在唐朝后期已经大量出现，到宋朝更加普遍。官府在草市一般不专设税务机构，而由富人承包。草市最初都是定期举行的，农民在这里用自己的农副产品交换农具、日常生活用品，称为赶集或"趁墟"。交易之后，四散回家，草市上没有定居的居民。但随着商品交换的发展，也有一部分草市演变为居民点。紧邻州县城郭的草市，则往往发展为新的商业市区，与旧市区相连，成为州县城市的重要组成部分。

（二）商业管理

唐朝前期，坊、市分隔，商业活动限制在市内。市设市令为长，佐、史等为副，其工作包括估定物价、检查度量衡、维持市场秩序、取缔投机活动等。唐中叶以后，坊、市的分隔逐渐取消，对市的单独管理失去了意义，政府的商业管理主要通过行来进行。

在唐前期的市中，出售同一类商品的邸店通常集中排列，称为行，其商业组织因而也采用行的名称。市的地域限制打破后，邸店的设置趋于分散，但行的名称和组织仍然保留下来。行的名目因商品种类而异，十分繁多。从石刻资料和出土文书中，可以见到彩帛行、丝绵行、绢行、米行、面行、生铁行、炭行、磨行、肉行、油行、屠行、果子行、靴行、杂货行、染行、布行等名称。据唐人韦述《两京新记》记载，一个行内部有自己特殊的交流语言，"记言反说，不可解识"，外人无法听懂。行的首领称为行头或行首、行老，由本行公推，负责代官府收税、管理，并就本行事务同官府交涉。

宋代的行亦称"团行"，数目更多。北宋开封至少有160多行，南宋临安有414行。照南宋人吴自牧《梦粱录》的概括，城市中"不

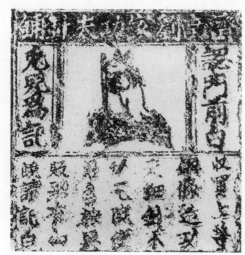

图19 宋代商标

以物之大小,皆为团行"。行内有自己的"行话",还有专门的服饰。入行的商户称为"行户",参加行称为"投行"。外来商人不经投行,不得在市面上贸易。行户按资产分为上、中、下户,行头由上户担任。各行还有作媒介招揽买卖的中间人,称为牙人。商品价格每10天评定一次,称为"旬估",由官府、行头、行户共同商议定价,报官府备案。官府承担监督和监察物价执行情况的职能,对于哄抬物价、强买强卖、商业欺诈等行为,都制定了相应的法律法规。(图19)

　　行的作用,一方面是协调行户的关系,组织互助,减少恶性竞争,保护和垄断本行的商业利益;另一方面,就是为官府服务,充当官府的管理工具。官府以行为单位,对行户的经营项目和资产进行登记。遇有需要的物资,即向有关的行征购,称为"和买"。和买以"和"为名,意为两相情愿,但实际上官府明显处于强势地位,往往强制派购,压低价格,拖欠付款。北宋后期王安石变法时,推行

"免行法",免去各行承担的派购任务,改为缴纳"免行钱",由官府用以购买所需物品。

四 城市

隋唐宋元时代的城市十分繁盛,尤以几个王朝的都城或陪都为最。

(一) 长安

长安是隋唐两朝的首都。隋文帝开皇二年(582),在汉代长安城东南营建新都,次年完工迁入,定名大兴城,但习惯上仍称长安。唐朝沿之。全城分为宫城、皇城、外郭城三部分,整体呈长方形,周长37600米,南北长8600米,东西宽9700米,面积约为84平方公里。宫城居北部正中,为皇宫所在;皇城在宫城以南,为朝廷官衙所在;外郭城从东、南、西三侧环绕宫城和皇城,是住宅、市场等城市主要区域所在。外郭城共设13门,东、南、西各3门,北边4门。宫城周长8600米,面积约4.4平方公里,皇城周长9200米,面积约5.2平方公里。全城有南北向大街11条,东西向大街14条,其中贯穿于城门之间的干道各3条,被称为"六街",街面宽广,两侧均有水沟。25条纵横交错的大街,将外郭城分为108坊和2市。宫城、皇城和各坊、市,也都呈长方形或方形,分布格局东西对称,平面轮廓十分整齐。白居易《登观音台望城》诗,即用"百千家似围

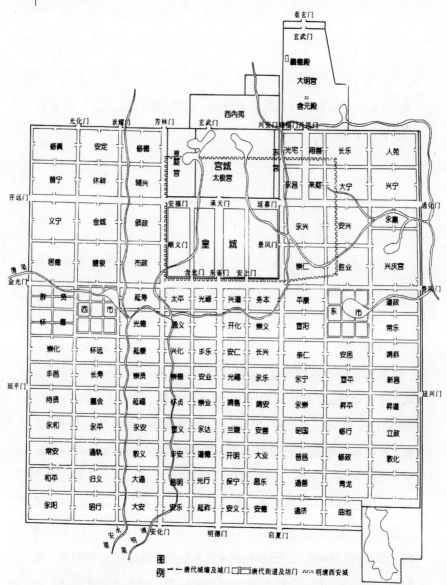

图20 唐长安坊市图

棋局,十二街如种菜畦"的诗句对长安城进行描写。元朝人李好文编纂的《长安志图》,则称颂隋唐长安城说:"棋布栉比,街衢绳直,自古帝京,未之比也!"(图20)

外郭城由坊、市组成。坊是居民住宅区，其中也建有佛寺、道观和部分官衙。每个坊都有围墙环绕，坊门定时开、关，内部有纵向和横向的街巷。各坊还有单独的名称，均以美称命名，诸如"太平"、"永乐"之类。市是商业区，分为东市、西市两处，位置在皇城的东南方和西南方，各占两坊之地，面积约为1平方公里。市的轮廓为方形，四周筑墙，各开两门。市内开辟东西、南北向街各两条，交叉成井字形，将市分为9个小区。小区内店铺林立，据载仅东市的店铺即分为220行（一说为120行）。由于长安是全国的政治、经济和文化中心，各地的珍奇商品均在这里出售，市里的商业活动十分繁荣。在盛唐时代，长安人口近百万，是当时世界闻名的大都会和东西文化交流的中心。亚洲各国的使节、商人、僧侣等经常往来于长安，边疆民族和邻国也不时派子弟来留学。长安城的建筑规制也为边疆政权和邻国所仿效，如渤海国的首都上京、日本的首都平安京，都是仿照长安营建的。

（二）洛阳

洛阳是隋唐两朝的陪都，在某些时期也曾成为首都。仁寿四年（604）隋炀帝即位后，下诏以洛阳为东京。次年在汉、魏旧洛阳城以西营建新城，完工后又改名东都。隋炀帝在位时，长安虽仍有京师之名，但朝廷基本常驻东都。耗费巨大人力物力开凿的大运河，也是以东都为中心。隋末，东都洛阳遭到战乱破坏。唐高宗显庆二年（657），仍以洛阳为东都，仿照长安设置官署。高宗多次巡幸洛阳，在洛阳停留的时间超过长安。武则天改唐为周，正式定都洛阳，更名"神都",长安则由京师改名西京。前文提到过武则天时铸造的金属纪念碑"大周万国颂德天枢",就立在洛阳。中宗复唐后,仍恢复以长安为京师、洛阳为东都的旧制。此后五代的第二个王朝后唐建都于洛阳。北宋以开封为首都,称东京,洛阳则称西京,仍居陪都地位。不过宋代洛阳的重要程度已经不及隋唐。

隋唐洛阳城在隋炀帝初建时,规模就很大,城郭宫室之壮丽过于长安。隋炀帝和武则天都曾大量向洛阳移民。洛阳的建筑布局并未像长安那样追求轮廓整齐、东西对称。整个城跨于洛水之上,分宫城、皇城、东城、外郭城几部分,勘测遗址周长为27516米。宫城地势较高,勘测遗址周长为5655米。皇城从东、南、西三面环绕宫城,东城则在皇城以东,其功能与皇城相仿,均为官署所在地。宫城、皇城、东城相连,构成一个整体,位于洛水以北,全城的西北部。全城其余的部分,就是外郭城,大部分位于洛水以南,一部分在洛水以北。城内纵横各有10条大街,将城区分为113坊和3市。纵横大街之间有时不止一个坊,故洛阳大街的数量比长安少,但坊的数目却比长安多。市分为南市、北市和西市,也比长安多出一个。洛阳的水运条件要比长安更好,洛水、伊水、瀍水流经城内,加上新开凿的运河,给水便利,舟船辐辏,具有发展商业的良好条件。据载仅南市就有120行、3000余个店铺,货物堆积如山,十分繁华。

(三)开封

开封在隋唐称为汴州。因位于运河通济渠(汴渠)的要冲,逐步发展成为连接南北漕运的枢纽,城市经济也日益繁盛。五代后梁定都于此，称东都开封府。后晋改称东京开封府，后汉、后周和北宋均沿用此名，文献中有时也称其为汴京、汴梁。北宋开封城在唐、五代基础上进行了大规模的扩建，分为外城、内城和皇城三重，均呈长方形，环环相套。最内为皇城，相当于唐代长安的宫城，是皇宫所在地，一些中枢机要机构也设在其内。内城环绕皇城，是开封城的中心区。大部分朝廷机构设于其中，同时也是工商业最繁华的地区。外城环绕内城，在唐五代原为城区以外的草市和乡村，后周世宗显德三年（956）始建为第三重城区，北宋又予以拓展，考古实测周长约29000米。外城共开12门，汴河、惠民、广济、金水四条运河贯穿城中，因此又开设了9个水门。随着经济的发展，外城的外围逐渐出现新的草市，加上军营和新建设的住宅，实际上在外城以外又形成了大片的新市区。城东南汴河东水门外，沿河的新市区竟延伸出七八里的距离。

宋代开封城划分为"厢"进行管理，厢下统坊。在北宋前期的11世纪初，全城共分10厢，128坊，管辖民户97750户。城外的新市区有9厢14坊。以城内每坊的平均户数为标准，合计城内外户数应当达到108446户，以每户5口计，共有54万余人。加上未计入普通户籍的宫廷人员、僧道、军队、军属以及大量的流动人口，一般认为在11世纪，开封城内外厢坊制管理下的城市人口，已经达到百万，12世纪初可能更多。

开封的商业区是开放的，店铺不再限定在有围墙的"市"内，而是分散在坊中，多位于沿街、沿河之处，形成熙熙攘攘的商业街。最繁荣的商业街有宣德门东的潘楼街、土市子一带，州桥东的相国寺

图21 《清明上河图》局部

一带,以及东南角门到扬州门一带。潘楼街附近是大额商业交易的中心,"屋宇雄壮,门面广阔,望之森然。每一交易,动即千万,骇人闻见"。相国寺位于汴河北岸,交通便利,是全城规模最大的交易市场,每月开放五次。城内有不少店铺开设夜市和早市,甚至通宵营业。朱雀门外御街一带的早市,天不亮就开业,人称"鬼市"。传世北宋画家张择端的绘画名作《清明上河图》,细致地描绘了开封的街景。(图21)街道两旁尽是店面,悬挂招牌,有的张灯结彩,有的挂着名贵字画,有的建有牌坊。城市娱乐活动也十分丰富,娱乐场所称为"瓦子",进行各种技艺表演,包括说书、讲史、杂技、曲艺、歌唱、舞蹈、木偶戏等。饮食业十分发达,全城有大酒楼72处,还有大量专门或特色的饮食店。北宋灭亡后,逃难到南方的开封人孟元老撰写了一部《东京梦华录》,追忆开封繁华的城市风貌。书中充满感情地描述说:

辇毂之下，太平日久，人物繁阜。垂髫之童，但习鼓舞；班白之老，不识干戈。时节相次，各有观赏。灯宵月夕，雪际花时，乞巧登高，教池游苑。举目则青楼画阁，绣户珠帘。雕车竞驻于天街，宝马争驰于御路。金翠耀目，罗绮飘香。新声巧笑于柳陌花衢，按管调弦于茶坊酒肆。八荒争凑，万国咸通。集四海之珍奇，皆归市易；会寰区之异味，悉在庖厨。花光满路，何限春游；箫鼓喧空，几家夜宴。伎巧则惊人耳目，侈奢则长人精神。……一旦兵火，靖康丙午之明年，出京南来，避地江左。情绪牢落，渐入桑榆。暗想当年，节物风流，人情和美，但成怅恨！

（四）杭州

杭州亦称余杭，地处大运河的终点。中唐以后，日益繁荣，号称"万商所聚，百货所殖，……骈樯（紧挨着的船只）二十里，开肆（开张的店铺）三万室"。唐朝末年，杭州是全国少数没有受到战乱破坏的城市之一，五代时吴越国建都于此。到北宋，杭州成为东南地区最大的城市，经济十分发达。宋初人陶谷《清异录》说："轻清秀丽，东南为甲。富兼华夷，余杭又为甲。百事繁庶，地上天宫也。"史料记载北宋熙宁十年（1077）全国各地商税额，杭州在全国23个路的首府中排名第一，达到8.2万余贯。杭州还以景色优美著称，城内的西湖风景区，经过唐宋两大诗人白居易和苏轼的修葺和宣传，更是闻名全国。连皇帝宋仁宗都写诗称赞杭州是"地有湖山美，东南第一州"。词人柳永曾以一首《望海潮》词描绘杭州的美丽和富庶：

> 东南形胜，三吴都会，钱塘自古繁华。烟柳画桥，风帘翠幕，参差十万人家。云树绕堤沙，怒涛卷霜雪，天堑无涯。市列珠玑，户盈罗绮，尽豪奢。
>
> 重湖叠巘清佳。有三秋桂子，十里荷花。羌笛弄晴，菱歌泛夜，嬉嬉钓叟莲娃。千骑拥高牙，乘醉听歌鼓，吟赏烟霞。异日图将好景，归去凤池夸。

这首词传播广泛，影响极大。据说后来金朝皇帝完颜亮就是因为读到这首《望海潮》后，才坚定了"投鞭渡江"、征伐南宋之志，从而引发出金、宋之间的一场大规模战争。

北宋灭亡后，南宋政权建都于杭州，改名为临安府，称"行在"，以示临时驻跸之意。实际上，却是"直把杭州作汴州"，乐不思蜀，不打算再回北方了。临安城分为内、外两城。外城亦称"罗城"，是在五代以来旧城的基础上扩建的，辟有13门。城墙厚约1丈有余，高达3丈，城外有10丈多宽的护城河。内城亦称"子城"，实即皇城，与北宋开封府的皇城相同，为皇宫所在，位于外城中部偏南的地方。南宋后期，临安人口亦超过百万，消费量很大，每天通过钱塘江、运河以及海上航路进城的货船不计其数。城内店铺林立，买卖昼夜不绝，娱乐活动丰富多彩，与北宋开封相比均毫不逊色。署名"灌圃耐得翁"记载临安繁华情况的一部笔记《都城纪胜》甚至说："自高宗皇帝驻跸于杭，而杭山明水秀，民物康阜，视京师（按指开封）其过十倍矣！"

杭州的繁荣一直延续到元代。元灭南宋时，宋廷献城迎降，杭州没有受到战争破坏，仍然保留着南宋旧貌。元朝前期，意大利旅行家马可·波罗曾经到过杭州。《马可·波罗行记》记载："城中有商贾甚众，颇富足。贸易之巨，无人能言其数。"又载："城中有大市十所，沿街小市无数。……每星期有三日为市集之日，有四五万人挈消费之百货来此贸易。"马可·波罗对杭州总的印象是："谓其为世界最富丽名贵之城，良非伪语。"

（五）大都

大都即今天的北京。隋唐时北京称幽州，辽代以之为五京之一，称南京析津府。金海陵王贞元元年（1153），迁都于此，更名中都。北京作为中国古代王朝都城的历史从此开始。元世祖时，又在中都旧城址的东北旷野上建筑新城，建成后，至元九年（1272）定名大都。金中都原来的位置在今天北京城的西南部，大都的重心则和今天北京城基本重合。大都城分外城、皇城、宫城三重。宫城为皇宫所在，位于全城南部，城的中轴线上。皇城在宫城外围，位置稍稍偏西。其中除宫城外，还包括皇太后、太子居住的宫殿，以及皇家园囿太液池（今北海、中海）。外城呈长方形，南北较长。城墙夯土筑成，周长总计28600米，分设城门十一座。（图22）城市布局取法于《周礼·考工记》中所称王都"左祖右社、面朝后市"的原则，规划整齐，井然有序，城门与宫殿也多取《易经》命名。

为解决大都城的供水问题，兼通漕运之利，在著名科学家郭守

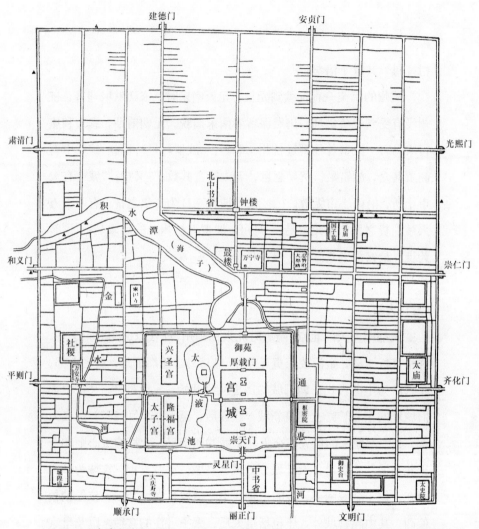

图22 元大都城复原平面图

敬主持下，专门开凿了通惠河。通惠河的路线，是引大都城西北方向的白浮泉水入瓮山泊（今昆明湖），再经今天西直门外的高粱河向东南汇入积水潭，然后东折而南，沿大都皇城东墙南行，出大都城南墙，再转而东行至通州城南李二寺，与大运河相接。通惠河开通后，江南粮船可以循河而上驶入大都，停泊在积水潭码头。当时的积水潭"汪洋如海"，"恣民渔采无禁"，周围颇具南方水城风貌。

元大都既是全国政治中心，也是北方最大的经济中心和商品集散地。据《元史·食货志》所载元朝中期商税数字，大都一年的商税为钞10.3万余锭，这个数字超出了全国绝大部分行省一省的商税额，仅落后于江浙、河南行省。马可·波罗记载："外国巨价异物及百物之输入此城者，世界诸城无能与比。……百物输入之众，有如川流之不息。仅丝一项，每日入城者计有千车。"元朝人程钜夫则描写说："东至于海，西逾于昆仑，南极交广，北抵穷发，舟车所通，货宝毕来。"毫无疑问，它也是一个国际性的大都市。

五 货币

隋唐宋元时期商品经济的发展，推动了货币的流通。除大量铸造金属货币外，还出现了世界上最早的纸币。

（一）金属铸币

隋唐时期的货币流通有一个重要特点，就是钱帛兼行，这主要是前代遗留下来的影响。魏晋南北朝时期，商品经济衰退，货币在许多地方几乎退出流通领域，交易大多使用谷物、绢帛等实物。到隋唐，沉重的谷物逐渐不再用于交易，但绢帛仍具有货币职能。在唐朝前期编纂的法典《唐律》中，仍以绢帛计赃，债务清偿、财产

图23 隋代五铢钱

估值时亦以绢帛为计算单位。敦煌吐鲁番文书所见民间交易支付手段，也是以绢帛为多。安史之乱爆发时，长安临时募兵即为"开左藏库，出锦帛召募"。直到唐朝后期，白居易的《卖炭翁》诗记载宫廷购物仍是"半匹红绡一丈绫，系向牛头充炭直"。不过总体上看，绢帛在流通领域中的地位还是在逐渐下降，到宋朝，绢帛的货币职能已经消失。

在绢帛流通的同时，隋唐王朝也建立起了比较严密的钱币制度，改变了魏晋南北朝时期币制混乱的局面。隋初，统一铸造五铢钱（约合今3克），其余钱币禁止流通，销毁以铸新钱。（图23）唐初，又废五铢钱，更铸新币，名为"开元通宝"。开元通宝在中国古代货币发展史上有比较重要的意义。第一，此后钱币不再以重量为名，而改用"通宝"、"元宝"一类名称。第二，开元通宝每枚钱直径八分，重二铢四絫，十钱重一两，其大小轻重基本成为后代铸币的统一标准，而且"钱"以后逐渐成为"两"以下的重量单位。第三，开元通宝的钱文由当时的著名书法家欧阳询用楷书书写，改变了过去钱文用篆书书写的传统，亦为后代沿用。唐朝后来虽临时铸造过一些其他货币，但都行用不广，开元通宝一直是唐朝主要的通行货币。

唐朝中叶，随着商品经济的复兴，社会上对铸币量的需求日益加大。唐玄宗天宝年间，全国共设铸钱炉99座，每年的铸钱数量增至32.7万贯（1贯=1000文），年用铜200万斤。但尽管如此，唐朝后期的"钱荒"问题仍然十分严重。钱荒引起了货币的升值，民间交易时往往以不足1贯的钱数抵充1贯，称为"除陌"。朝廷一开始对这种现象予以禁止，后来被迫承认了这种做法，并且统一规定"除陌"的比例。起初为920文充1贯，相当于货币升值8%。后来降到850文、800文，则表明货币升值了15%和20%。

北宋建国后，整顿五代币制，铸"宋元通宝"铜钱。宋太宗太平兴国年间，更铸"太平通宝"，自此每逢皇帝改元，必用新年号为铸币命名，形成系列的年号钱。全国设立了多处铸币机构，称为监，一般都设在铜矿附近。比较著名的，有饶州（今江西鄱阳）的永平监、池州（今属安徽）的永丰监、江州（今江西九江）的广宁监、建州（今福建建瓯）的丰国监、梧州（今属广西）的元丰监、韶州（今广东韶关）的永通监等。由于采矿、冶铸技术水平的提高，北宋的铸币能力大大超过唐朝。太宗时年铸铜钱即达80万贯，神宗元丰时已增至506万贯，高出盛唐10余倍。然而，铸币量的大幅度增长仍然不能完全赶上商品经济发展的速度。由于朝廷的货币税收数额庞大，加上辽、夏等周边政权的争夺，铜钱仍然是不够使用，时人云"百物皆贱，而唯钱最贵"。唐朝"除陌"的办法在宋朝继续发展，宋太宗太平兴国二年（977）规定以770文钱充1贯，比唐朝又升值不少。这个"除陌"比例作为官方标准，在宋朝长期行用。但到南宋后期，民间交易的"除陌"比例已降到500文钱充1贯。

在钱荒问题始终无法解决的情况下，宋朝统治者采取了发行辅币的办法。首先是在四川地区沿用五代时期后蜀使用的铁钱，后来推广到陕西、河东等地。宋神宗时，年铸铁钱近90万贯。南宋时，四川继续使用铁钱。第二个办法，就是印制纸币。

（二）纸币

在行用铁钱的四川，由于其币值低下，沉重不易流通，民间较早创制了货币代用券，称为交子，这就是中国古代最早的纸币。交子以铁钱为本，用纸印造，填写钱数，由发行的铺户押字后付于交纳现钱的人。它类似于活期存款单，但也具备了流通职能。宋真宗时，在地方官协调下，统一由益州（今成都）的16家富民发行交子，互相连保，以维持信用。发行时每贯扣30文，作为利钱。仁宗时，将交子发行权收归政府，设益州交子务专掌其事，从此交子成为四川地区的法定货币，与铁钱共同流通。交子有使用期限，称为界，当时规定两周年为一界。界满另造新交子，民间可以旧换新，但要缴纳3%的纸墨费。面值从1贯到10贯，共分十等，每界发行1256340贯，另储备铁钱36万贯为本以供兑换。北宋中期，交子的流通比较稳定。到北宋后期，朝廷将交子推广到长江以北诸路，更名"钱引"，不存本钱，滥加印造，以致其迅速贬值。不久，北宋就灭亡了。

南宋版图萎缩，铜钱铸造量大幅度下降，最多时每年不过10余

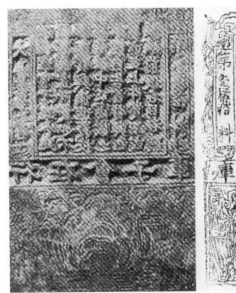
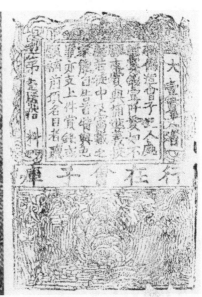

图 24 南宋会子印版

万贯,纸币的使用因而更加普遍。南宋纸币主要有四种,都是分界发行。四川发行者称钱引、两淮称交子、湖广称会子,均以铁钱为本位。东南地区发行者亦称会子,以铜钱为本位。会子是南宋最主要的纸币名称。(图24)四种纸币都有固定的流通地域,彼此之间又有一定的兑换比例。南宋朝廷为弥补财政亏空,大量发行纸币,而事实上又并未掌握足够的铜钱、铁钱作为兑换本钱,因此造成严重的通货膨胀。南宋末年的第十七、十八两界东南会子,发行数额高达6.5亿贯。宋廷又将原来作为汇票使用的一种"关子"作为法定纸币发行,但已无补于财政的崩溃。

与南宋对峙的金朝,也很早就发行纸币,称为交钞,在境内不分地域,与铜钱并用。钞面币值分10等,1、2、3、5、10贯五等为

图 25 元中统钞和至元钞

大钞，100、200、300、500、700 文五等为小钞。初定七年为一界，大定二十九年（1189）取消"界"的期限，永久流通，如遇纸面残缺、字文磨灭，仍可在缴纳手续费后向官府持旧易新。这是中国纸币史上的一大变革。金朝后期财政拮据，不仅滥发交钞，而且还印制"贞祐宝泉"、"兴定通宝"等多种新纸币，币制混乱，信用大跌，民间弃置不用。值得一提的是章宗承安二年（1197），金廷曾铸造银币"承安宝货"，其流通为时很短，但却是中国古代第一次正式发行的银铸币。

宋、金的纸币都是与金属铸币兼行，而元朝则第一次将纸币规定为全国范围内单一流通的货币。元世祖中统元年（1260），发行中统元宝交钞，简称中统钞，面值从 10 文到 2 贯，共分十等。习惯上称钞1贯为1两，50贯为1锭，100文为1钱，10文为1分。中统钞以银为本位，法定比价每钞2贯（两）等于白银1两。中央设诸路交钞都提举司总管货币发行事宜，地方上设各路行用库为兑换机关。发行之初，钞本充实，投放量控制较严，币值稳定。但到后来，同样出现滥印问题，钞轻物重，物价腾涌。元廷的对策，主要是发行新钞，公开宣布旧钞贬值。世祖后期桑哥当政，发行至元钞，每贯相当于原中统钞的5贯。（图25）武宗时又一度发行至大银钞，1两相当于至元钞5贯。武宗还曾经铸行铜钱，作为纸币的辅币。元末，又印造了至正中统交钞。这些办法都没有从根本上挽救元朝的财政危机。

明初沿袭元制，印造大明通行宝钞，分100文至1贯六等，后又加印10至50文小钞五等。1贯的宝钞纸面长1尺，宽6寸，是中国历史上票面尺寸最大的纸币。明钞与铜钱并用，钞为主币，钱为辅币。后来宝钞发行量越来越大，信用下跌，民间普遍重钱轻钞，甚至私下使用金银交易，政府屡禁不止。明初钞1贯值铜钱1000文，到15世纪后期的成化年间，钞1贯仅值铜钱不足1文。随着白银在市场上流通的日益活跃，明朝中叶以后，公私支付皆以银、钱参用，纸币无声无息地退出了历史舞台。

纸币的出现在中国古代经济史上具有重要意义。它质轻便携，适用于远距离和大额的商业贸易，对于商品经济发展有很大的推动作用。然而纸币印制方便，成本和面值并不对应，投放量很容易失控，从而引发通货膨胀，造成严重的财政和社会危机。对于统治者来说，它是一把双刃剑。北宋、南宋、金朝、元朝和明朝前期使用纸币的历史，无不说明了这一点。由于统治者对货币规律缺乏充分和深刻的认识，往往贪图一时之利，以滥印纸币来应付财政困难，就如同饮鸩止渴，最终使得通货膨胀积重难返，促使财政走向崩溃。从这个角度看，宋元时期对于纸币的使用，多少有一些"超前"的性质。但是，我们对于纸币出现的重要意义，以及古人在这方面的创造性，仍然应当予以高度的评价。

第三章 中外交通与贸易

一 隋唐丝绸之路

"丝绸之路"指的是古代中国由中原经河西走廊入新疆、中亚,通往西方的陆上贸易通道。这个概念是德国地理学家李希霍芬(F. Richthofen)在1877年首先提出的,后来为学术界广泛使用。早在西汉时期张骞通西域之后,这条横贯欧亚大陆的国际通道,就开始逐渐形成。此后直到魏晋南北朝,一直有不少商人在这条道路上往来贩运。然而西域、中亚小国林立,对交通仍有妨碍。隋唐统一帝国建立后,不断向西拓展疆域,使得传统的丝绸之路更加畅通,丝路上的人员往来和商品贸易更为活跃。

（一）对西域的经营

隋朝经营西域的工作主要是在炀帝时进行的。隋初，西域诸国通常到河西甘州（今甘肃张掖）与隋互市。炀帝即位后，派遣大臣裴矩赴河西，招徕胡商前往长安、洛阳进行贸易。裴矩多次前往甘州、凉州（今甘肃武威）、沙州（今甘肃敦煌）等地，不但完成了招徕胡商的任务，还搜集西域诸国地理、风俗、物产等资料，撰成《西域图记》三卷。其中记载了当时由敦煌西行的三条主要路线。一是经哈密穿过准噶尔盆地，经咸海和里海以北，到达小亚细亚和地中海，二是经吐鲁番、库车、喀什越过帕米尔高原，再经费尔干纳、撒马尔罕，到达波斯和地中海，三是经罗布泊、和田越过帕米尔高原，经北印度到达阿拉伯海。大业五年（610），炀帝亲征青海的吐谷浑，取其地置西海等四郡（在今青海北部、新疆东部）。西域高昌（今吐鲁番）等近30国皆至河西朝见炀帝。炀帝还曾派遣官员出使波斯和中亚诸国，希望达到"开远夷、通绝域"的目的。但隋炀帝野心过大，四面出击，不久又去远征东北的高句丽，并因而引发农民起义，导致隋朝灭亡，其经营西域的目标未能完全实现。

唐朝建立后，经过一段休养生息，继续开拓西域。太宗贞观九年（635），唐军继隋朝之后再一次远征并击败吐谷浑，解除了其对河西走廊的威胁。贞观十四年，唐灭高昌，于其地置西州。在以后几年内，相继占领龟兹（今新疆库车）、焉耆（今新疆焉耆西南）、于阗（今新疆和田西南）、疏勒（今新疆喀什）等重要据点，隶安西都护府统辖，史称"安西四镇"。高宗在位前期，唐朝攻灭西突厥汗国，在天山以北设置崑陵、濛池二都护府。随后又委任王名远为"置州县使"，在于阗以西直至波斯，设置了16个羁縻都督府，下领72州、110县、126军府，皆遥领于安西都护府。声威之远，空前未有。丝绸之路上的人员、物资交流，由此进入了一个繁荣期。

唐朝前期，中亚地区有粟特昭武九姓国以及吐火罗诸国。西亚有波斯萨珊王朝，后为大食（阿拉伯帝国）所灭。唐朝与上述国家关系较为密切。横跨欧亚的另一大国拂菻（东罗马拜占庭帝国）亦曾遣使唐朝。

粟特人居于阿姆河、锡尔河之间，大体在今乌兹别克斯坦境内，建立了康（今撒马尔罕）、安（今布哈拉）、石（今塔什干）、史（今沙赫里夏勃兹）等9个城邦国家。据说他们早先都来自祁连山北的昭武城，因被匈奴击破而迁往中亚，故自称昭武九姓，以示不忘本。吐火罗居于今阿富汗北部，可能是西汉时大月氏的后裔，当地人种混杂，一共建立了20多个小国。唐灭西突厥后派出"置州县使"，所设羁縻州、府主要就在粟特、吐火罗地区，任命的刺史、都督大都是当地小国的首领。玄宗时，又在这一地区广泛封王，加"特进"等荣誉散官称号。

波斯萨珊王朝在隋和唐初曾经前来通使。唐朝前期，萨珊波斯被白衣大食（阿拉伯倭马亚王朝）灭亡，其王子卑路斯请援于唐。唐高宗将他安置于波斯东部呼罗珊地区，立为波斯都督府都督。后大食继续向东推进，卑路斯无法立足，只好要求入朝，最终客死于长安。白衣大食和随后取代它的黑衣大食（阿拉伯阿拔斯王朝）与唐

图 26 唐代墓葬出土的波斯萨珊银币、东罗马金币、阿拉伯金币

朝虽有通使关系,但在西亚、中亚的争夺也很激烈。玄宗天宝十载(751),唐与黑衣大食在怛罗斯(今哈萨克斯坦江布尔城)会战,唐军战败。唐军被俘人员中有一些造纸工匠,造纸术因而传到西方。安史之乱爆发后,西域为吐蕃占据,丝绸之路又渐渐沉寂下来。

(二)丝路交通的繁荣

隋唐丝绸之路的路线,大致是东起长安,沿河西走廊至敦煌,然后出玉门关或阳关,分途抵达葱岭(今帕米尔高原),再分数道至南亚、中亚、西亚、北非及欧洲。丝路上的商品,中国出口最多的是丝和丝织物,其次为陶瓷,由西方输入者主要是金银、珠宝、药材、香料等。

近几十年国内的考古发现,提供了大量隋唐丝路贸易的实物例证。波斯萨珊银币、东罗马金币、阿拉伯金币在新疆、宁夏、陕西、山西、河北等地都有出土。(图26)上述外国货币曾在唐朝西境流通,敦煌、吐鲁番出土文书中记录着这类金、银钱与中国铜钱的换算关系。西安隋李静训墓中的玻璃器、项链、金银器来自中亚和西亚。西安何家村发现塞满两个大陶瓮的1000多件文物中,夹杂着中亚粟特的金银带把杯、西亚兽首玛瑙角杯、萨珊凸圈纹玻璃杯等。陕西扶风法门寺出土了一批有伊斯兰贴花、刻纹、彩釉的玻璃。内蒙古李家营子出土了中亚粟特商侣随身携带的带把壶、带把杯、盘、长杯和勺等一组餐具。

　　隋唐墓葬中大量出现骏马、骆驼和胡人俑,也间接地反映了当时丝路贸易活跃的现实。(图27)特别是骆驼和胡人俑,在此前和

图27 唐代胡人牵骆驼俑

图 28 唐章怀太子墓"客使图"壁画

此后的墓葬中均很罕见。骆驼可忍耐高温,抗拒严寒,又能多日不饮不食,负重千斤行走,拥有"沙漠之舟"的美称。隋唐墓葬中的骆驼俑形象真实生动,常常背负着一捆捆的丝绸,附挂着水壶,还有野雉、兔子等给养,以及刀箭之类的防护武器。出土文物中还能见到属阿拉伯种的单峰骆驼俑,表现了丝绸之路的遥远延伸。胡人俑往往与骆驼俑配套出土。大批头戴圆顶、翻沿和尖顶帽,身着圆领或翻领窄袖袍,"深目高鼻"、"虬发髯须"的胡人,形象并不完全相同,说明他们来自不同的国家。唐章怀太子李贤墓中的两幅"客使图"壁画,也画出了着装各异、面目奇特的诸多外国使节。(图28)

沿丝绸之路来到东方的外国移民为数众多。其中,最主要的是昭武九姓粟特人,隋唐文献中的"胡人"在狭义上专指他们。粟特人擅长经商，足迹甚广。所居之地，除长安、洛阳以外，在河西、陕北、晋北、辽西等地都有广泛分布。隋朝粟特人何稠以"技巧"著称，"博览古图，多识旧物"，不仅成功地仿制出波斯锦袍、绿色琉璃等，还帮助隋炀帝改创了国家的舆服制度。太原发现的粟特人虞弘夫妇合葬墓，墓中出土汉白玉石椁，雕绘着祆教祭祀的场面，还有许多深目高鼻的人骑马、骑象、骑骆驼与狮子等激烈搏杀的图像，完全是中亚、波斯诸国流行的题材。这表明粟特人来到东方后，仍然保持着自己的信仰和文化。宁夏固原墓地和盐池墓地，均发现大片的粟特人墓葬。中亚、西亚各国流行的宗教，包括祆教、景教、摩尼教、伊斯兰教，都在中国有相当程度的传播。作为首都的长安，外国移民聚集尤众，以致生活、娱乐等习俗明显出现"胡化"倾向。已故著名中西交通史专家向达教授，在广泛搜集资料后写有题为《唐代长安与西域文明》的长篇论文，文中指出：

> 第七世纪以降之长安，几乎为一国际的都会。各种人民，各种宗教，无不可于长安得之。……异族入居长安者多，于是长安胡化盛极一时。此种胡化大率为西域风之好尚：服饰、饮食、宫室、乐舞、绘画，竞事纷泊，其极社会各方面，隐约皆有所化，好之者盖不仅帝王及一二贵戚达官已也！

如果说长安是"胡化"的中心，地处西北的敦煌便如同"胡化"入境的大门。在丝绸之路上，敦煌既是兵家必争的咽喉要地，又是来往商贾、使节休整的场所，还是重要的贸易市场。莫高窟保存至今的精美塑像和壁画，将敦煌装点成为闪烁着夺目光芒的文化宝库。窟中塑像有的"其体稠叠，衣服紧窄"，像水湿过似的紧贴在身上，表现出西域艺术中人物造型的影响。而中亚、西亚风格的莲花、联珠图案，也大量出现在壁画的边饰和彩塑的服饰之中。以快速、热烈、刚健为特色的中亚胡旋舞，唐前期十分流行，至今仍能在敦煌的壁画和雕刻中见到。"劝君更进一杯酒，西出阳关无故人"，意味着在唐人心目中，坐落在敦煌附近的阳关是一条文化分界线。这样的一个文化分界点，集中呈现了丝路交通带来的多种文化交融的繁盛景象。

二 隋唐宋元海上交通与贸易

(一) 隋唐

隋唐时期的海上交通与贸易，可分两部分叙述。一部分是黄海、东海海域，一部分是南海和印度洋海域。在黄海、东海海域，交通对象主要是朝鲜半岛和日本。

隋及唐初，朝鲜半岛上存在高丽（高句丽）、百济、新罗三国。高丽在北，百济在西南、新罗在东南。隋炀帝、唐太宗均曾亲征高丽而不克。唐高宗时，与新罗结盟，先渡海灭百济，又从陆路灭高丽。后新罗逐渐控制朝鲜半岛，与唐朝保持稳定的朝贡关系。两国交通有陆、海路两途，而以海路为盛。来华新罗商人多从山东半岛登岸，带来本国土特产，从唐朝贩回丝绸、瓷器、茶叶、书籍等物。

加上求学、求法（学佛）、经商、游历、应举做官的人，新罗侨民在华者为数众多，很多城市都建有专供他们居住的"新罗坊"。新罗在当时"号为君子之国，颇知书记，有类中华"，受唐朝影响甚深。新罗王都的规划，采取纵横交错如棋盘状的布局，与长安相同。新罗时期遗存的一些石塔、砖塔、石灯、城郭建筑和王陵碑碣，大都依据唐朝规制建造。新罗的茶叶种植，也是在唐朝影响下发展起来的。

隋唐两朝与日本保持着长期的官方往来。隋时日本推古天皇在位，曾四次遣使至隋。唐朝建立后，日本沿袭旧制，继续派出"遣唐使"。遣唐使的派遣始于630年，终于894年。260余年间，共遣使19次，其中4次未成行或中途折回，实际到达者15次。使团往往多达数百人，包括留学生、求法僧人、工匠、翻译等。唐朝有时也派遣"送使"与日本使节一同返回，不少人因而留居日本。扬州也是对日交通的主要港口，其次为明州（今浙江宁波）。唐朝后期，扬州僧人鉴真赴日本传授佛教戒律，出发六次始成行，其中第五次竟然漂流到海南岛，可见当时海上交通之风险。（图29）日本受唐朝文化影响同样很深。646年日本发生"大化革新"，经济、政治、教育改革多仿唐制，例如所颁行的"班田制"，就是在唐朝均田制基础上修改而成的。日本的都城规划取法于长安。708年兴建的都城平城京（今奈良），宫城位于北部正中，全城以朱雀大路为中轴线划分为左京和右京，与长安城设计完全一致，坊制也与长安相同。太极殿、朱雀大路和朱雀门等，更是直接照搬了长安的名称。日本的寺院建筑，也采用了中国式的对称布局。

在南海和印度洋海域，交通对象为东南亚、南亚、西亚地区。隋

图29 日本奈良招提寺藏鉴真塑像

炀帝时,曾命常骏等出使马来半岛一带的赤土、致罗刹,开通了由广州至东南亚的海路。此后广州成为隋唐王朝最重要的外贸港口。唐玄宗时,在广州设立市舶司主管外贸事务,统一登记外商货物,征税并收购官用物品,然后听其发卖。这是中国古代第一次设置海外贸易的管理机构。唐朝后期,随着陆地上"丝绸之路"的中断,海路基本上成为西亚、南亚地区联系中国的唯一通道,因此又被学者称为"海上丝绸之路"。汉文和阿拉伯文的史料都记载了当时从广州到波斯湾的航程,大约需要90天。除广州外,扬州、泉州、福州、明州也都成为重要的外贸港口,但未置市舶司,而是由当地长官节度使或观察使管理。商船通达亚洲各地,输出丝绸、瓷器,输入象牙、犀角、珠宝、香料等物。

唐朝中叶以后,通过海路来华经商并定居下来的外国商人很多,主要是大食和波斯商人。他们大多居住在广州、扬州、泉州等东南港口城市，居住的场所被称为"蕃坊"。这些外国商人富有金钱，通常都占田营第，与汉人通婚，有的改从汉姓，习汉语汉文，甚至参加科举考试。唐末诗人李珣的祖先，就是来华经商的波斯人。唐代诗文、小说中，对"波斯商胡"有许多描述。唐肃宗时，武将田神功到扬州追剿叛军，趁机大肆劫掠，杀害了当地居住的几千名波斯商人。唐末，大食商人苏莱曼曾在中国经商。他将经历的见闻记载下来，后被收入另一位商人阿卜·札伊德编撰的《中国印度见闻录》中。这是现在所知最早的一本阿拉伯人撰写的中国游记。书中提到，唐末黄巢起义占领广州时，死于战乱的大食侨民数以万计，由此可以推知当时大食来华人数之众。

（二）两宋

宋朝海上交通更为发达，与海外联系地区之广、贸易货物品种和数额之多，都明显超出唐朝。宋太祖开宝四年（971），即于广州设市舶司。以后，又陆续在杭州、明州、泉州、密州（今山东诸城）等地设立市舶司。南宋时，设两浙、福建、广南东路三处提举市舶司，分别统辖江浙、福建、广东地区的外贸事务，各港口的外贸管理机关则称为市舶场或市舶务。市舶司和场、务的工作，包括对外商的接待、抽税、管理，同时对本国出海船只亦进行检查，返回时抽税。抽税之法，称为"抽分"或"抽解"，即按一定比例抽取货物作为实物税，多数时候为十分抽一。然后，还要按规定价格收买一部分货物，称为"博买"。经过抽分和博买的货物，发给凭证，允许运销他处。宋朝统治者通过市舶抽分和转卖博买货物，获取了大量收入。北宋仁宗时，市舶收入为年53万余贯，英宗时增至年63万贯，到南宋前期，已达到200万贯。

在宋代，朝鲜半岛政权已变为王氏高丽王朝，它与日本一直维持着与宋朝的密切关系。从宋朝去高丽、日本的港口，主要为密州、登州（今山东蓬莱）、杭州和明州。输出商品，除丝绸、瓷器外，还有茶叶、书籍、文具等。从高丽输入的商品，有药材、果品、矿物、布匹、扇子等。从日本输入的，则主要有木材、硫黄、水银、沙金、工艺品和倭刀。

与东南亚及其以西地区的贸易发展更大。制造大型海船技术的提高（见前文）和指南针的使用（见后文），对远洋航海都是有力的推动。宋太宗雍熙四年（987），派遣宦官8人，带着国书、礼物和丝绸，分四路出使南海各国，宣传宋朝发展海外贸易的政策，邀请当地商人来华交易。仁宗时，有一段时间到达广州的外国船只比较少，朝廷即下令地方官设法招引，予以优惠。南宋初年规定，市舶司人员凡是能招引来外国货船，收取市舶税达5万、10万贯的，据其数额相应补官。经过大力招徕，东南亚、南亚、西亚直至北非、东非的几十个国家和地区同宋朝建立了贸易关系。南宋后期，曾任福建路市舶提举的赵汝适撰写了《诸蕃志》上下卷，介绍当时知道的海外诸国情况，所载东起日本，西至东非索马里、北非摩洛哥和地中海东岸诸国，并且记载了各国至中国沿海的里程及航行日月。从这些国家、地区输入的商品，有香料、药材、犀角、象牙、珊瑚、珍珠、玳瑁、苏木等。

图30 泉州南宋海船残骸

外国商人在华侨居的数量也很多，主要住在东南沿海各港口城市，与唐朝一样有聚居区"蕃坊"。宋朝对蕃坊制定了具体的管理措施。每处蕃坊置"蕃长"一人，选侨民有声望者充任，负责代表官府管理蕃坊内部事务，协助当地市舶机构招徕并接待外商。南宋时，泉州已取代广州，成为外商和外侨最集中的城市。泉州城四周种植刺桐树，外商因此多将泉州称为"刺桐城"。随着他们的传播，"刺桐城"成为当时世界知名的城市。（图30）南宋末年，泉州的大食商人蒲寿庚担任市舶提举之职长达30年，并因剿平海盗有功，官至福建安抚沿海制置使，福建、广东招抚使，福建和广东的海外贸易基本被其控制。元灭南宋，蒲寿庚率众降附，被任命为福建行省中书左丞，奉命重建海外贸易网络，为元朝海外贸易的继续繁荣起到了重要作用。

（三）元朝

元朝继承了宋朝在海外贸易方面的成果，并有进一步发展。元朝国势强盛，声威远扬，蒙古统治者重视商业利益，贪图海外的奇珍异宝，都是促进海外贸易发展的重要因素。元灭南宋后，很快沿袭南宋制度，在泉州、庆元（今浙江宁波）、上海、澉浦（今浙江海盐南）四地设立市舶司，管理海外贸易事务。至元十五年（1278），元世祖忽必烈诏谕福建行省："诸蕃国列居东南岛屿者，皆有慕义之心，可因蕃舶诸人宣布朕意，诚能来朝，朕将宠礼之，其往来互市，各从所欲。"不久，又增设杭州、温州、广州等处市舶司。到元朝中期，市舶司统一合并为泉州、广州、庆元三处。其中泉州是当时东方第一大商港，马可·波罗在其《游记》中即对泉州的繁华有详细描写。

至元三十年（1293），元廷颁布市舶法则22条，规定了海外贸易的有关制度。根据这些法则，从事海外贸易的商人在国家户籍中单列为一类，称舶户或舶商户。出海贸易时，其人数、船只、货物等情况都要事先上报市舶司审核批准，经发给公凭，方能出行。金银、粮食、兵器等皆属禁物，不得携带出海。出海后只能到事先申请前往的地区进行贸易，不许擅至他国。返航亦有规定期限，必须到原出发地的市舶司进行"抽分"，然后始许发卖。抽分比例，起初定为细货（指珍宝、香料等高级商品）十分取一，粗货（指一般商品）十五分取一。至仁宗时，分别增加一倍，改为十分抽二和十五分抽二。抽分之外，还要另抽三十分之一为商税。外国"番船"前来贸易，抽分比例亦同，回航时，也要由市舶司发给凭验，并检查有无携带禁物。这套制度是在宋朝基础上制定的，但更加详细。

元朝海外贸易输出的货物主要是丝绸、瓷器等传统手工业品，输入货物则有珠宝、药材、香料、布匹等。它不仅活跃了国内市场，也给元朝政府带来了巨额收入，被称为"军国之所资"。市舶司"抽分"所得货物，除一部分上供蒙古上层统治集团挥霍享用外，其余皆由市舶司就地出售，换取货币，解送朝廷。元世祖在位后期，江淮行省平章政事沙不丁一次就献上市舶司征收的珠400斤、金3400两。仁宗末年，市舶税收入达到钞数十万锭。除去对私人海外贸易进行严格的管理和抽分外，蒙古统治者也试图发展官营海外贸易。不仅由朝廷选择商人代理，有时也直接派出使节率船下海，采办货物。如元世祖至元十年（1273），下诏派遣扎术呵押失寒和崔杓持金10万两，赴狮子国（今斯里兰卡）购买药材。二十二年（1285），又派马速忽和阿里赍钞1000锭，往马八儿国（在今印度南部）购买珍宝。成宗大德时，派遣使臣答术丁等携带圣旨、虎符，前往马合答束番国（今索马里摩加迪沙）征取狮、豹。又派爱祖丁等四起使节，正从共35人，前往刁吉儿（今摩洛哥丹吉儿）采办豹子等珍稀物品。

总体来看，元朝的海外贸易相当发达，其航运规模在当时世界上居于领先水平。据马可·波罗等外国旅行家记载，元朝海船大多以松木制成，船底二或三层，分隔为十余舱或数十舱，普通四桅，亦有多至六桅者，其载重量可高达200吨至300吨。一只大船皆附带若干小船，供停泊时上岸采柴汲水之用。舶船内部组织严密，有纲首（船长）、直库（负责管理武器）、火长（领航员）、舵工、梢工、碇手、杂事、部领等分工。通过海外贸易，元朝与亚、非很多的国

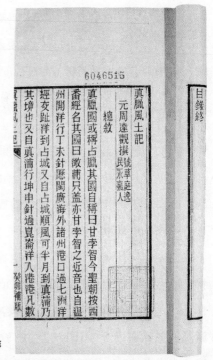

图31 《真腊风土记》书影

家和地区建立了联系。元成宗时周达观出使真腊（今柬埔寨），回国后著《真腊风土记》，记述柬埔寨吴哥时代文明的盛况，成为今天了解吴哥文化的主要文字史料。（图31）同样成书于成宗时期的陈大震《南海志》记录了140多个国家和地区的名字，元末汪大渊著《岛夷志略》，则列举了他亲身游历过的亚洲和东非近100个国家、地区。元朝舶船的贸易活动对亚、非很多地区的经济生活产生了重要影响。如在安南港口云屯，"其俗以商贩为生业，饮食衣服，皆仰北客"。"北客"就是指元朝商人。当时东、西洋各国习惯上称元朝人为"唐人"，元朝商船为"唐舶"。据《岛夷志略》记载，文老古（今摩鹿加群岛）

人"每岁望唐舶贩其地"。浡泥（今加里曼丹岛）人"尤敬爱唐人，醉则扶之以归歇处"。麻逸（今菲律宾明多罗岛）商人将元船货物"议价领去，博易土货，然后准价舶商，守信终始，不爽约也"。大批"唐人"因经商之便侨居于东南亚各地，为当地经济开发作出很大贡献。同时，继续有许多海外"蕃客"寓居于元朝的泉州、广州等处港口的蕃坊。

三 蒙元时期与欧洲的往来

（一）欧洲传教士访问蒙古

随着唐帝国的中衰，中西陆路交通一度转入低潮。宋、辽、西夏鼎立时期，北宋与西域的交通被隔断，辽朝更多地承担了沟通东西方联系的任务，在西方的声名远远盖过宋朝。俄文至今称中国 Китаи，即为契丹译音。近世西方文献中又以 Cathay、Kitail 等称中国，也都是由契丹一名演变而来。金灭辽后，辽宗室耶律大石挟余部远走中亚，建立西辽，在中西交通和文化交流方面继续起着重要的媒介作用。但总的来说，这一时期的欧亚大陆政权林立，疆界繁杂，往来十分不便。经过13世纪前期蒙古西征的冲击，扫平了欧亚大陆上的此疆彼界，这种状况才有了根本变化。其主要表现，就是打通了中国与欧洲的直接联系。

蒙古西征以后，自中唐以来逐渐衰落的丝绸之路商业贸易重新趋于兴盛。当时由西域西行的重要商路有三条。在天山以北，主要是由阿力麻里（今新疆霍城西）经塔剌思（今哈萨克斯坦江布尔城）至咸海、里海以北，穿行康里、钦察草原，直抵钦察汗国都城萨莱（今俄罗斯伏尔加格勒附近），然后再由萨莱西行至斡罗思及东欧诸国，或西南至小亚细亚。天山以北的另一条道路，是经塔剌思转行至河中（指阿母河、锡尔河之间地区，在古代中亚以经济繁荣著称），经不花剌（今乌兹别克斯坦布哈拉）、撒麻耳干（今乌兹别克斯坦撒马尔罕）至伊利汗国，亦可继续西行至小亚细亚。天山以南的一条道路，则是由和田越过帕米尔高原，经阿富汗地区进入伊利汗国。除去由西域西行的商路外，还新开辟了一些中西之间的新商路，如由漠北经阿尔泰山西行以及由南西伯利亚西行的道路等。就内地至西域的商路而言，不仅有传统的由关陇经河西的古道，还有经河套、宁夏、亦集乃（今内蒙古额济纳旗东南）入西域的新路。在这些道路上活动的商人主要是中亚、西亚的回回商人，他们为蒙古贵族经营珠宝等奢侈品生意，在商业政策方面受到种种优待。另外，也有一些来自钦察汗国乃至欧洲的商人前来中国贸易。

在这样的背景下，中国与欧洲进入了直接往来的时代。最早开辟直接往来渠道的是欧洲传教士。蒙古西征之后，罗马教廷和欧洲各国均受到极大震动，教皇英诺森四世遂派遣教士东赴蒙古，劝说其停止侵犯基督教国家，并了解大蒙古国的具体情况。意大利教士普兰诺·加宾尼（Plano Carpini）奉命出使，于1246年7月抵达漠北，谒见了刚刚即位的蒙古第三代大汗贵由，呈上教皇的信件。年底，持贵由汗答复教皇的劝降诏书返回。至1253年，法国教士威廉·卢布卢克（William Rubruck）又奉法王路易九世之命出使蒙古传教，见到了第四代大汗蒙哥，但也是不得要领而归。不过两位教士各自撰写了比较详细的出使报告，记述了蒙古草原地区的政治、经济、风土人情诸方面的情况。

（二）马可·波罗与列班·扫马

元世祖忽必烈建立元朝以后，虽然蒙古的统治重心已经南移，但与欧洲仍保持着持续的来往。元人朱思本《贞一斋诗文稿》卷一《北海释》云："西海（按指地中海）虽远在数万里外，而驿使贾胡时或至焉。"据载，早在元世祖即位不久的中统二年（1261），即有"发郎国遣人来献卉服诸物"。"发郎国"当即波斯人对欧洲统称Frank的音译。时人记载"其国在回纥极西徼，……妇人颇妍美，男子例碧眼黄发"，足见系欧洲人无疑。大约在此后不久，威尼斯商人尼柯罗、玛菲奥兄弟因经商到达上都，经忽必烈接见后，又奉命充副使，随一蒙古使臣西行出使罗马教廷。途中蒙古使臣因病淹留，尼柯罗兄弟则持元朝国书到达罗马，完成了使命。随后，他们又被教皇格利高里十世委派再度东行向忽必烈复命，经长途跋涉，于1275年第二次抵达上都。此次东行，尼柯罗之子马可·波罗（Marco Polo）随父亲和叔父一同前来。由于马可·波罗聪明谨慎，擅长辞令，因而颇得元世祖赏识，在元朝留居17年。忽必烈曾派他巡使江南、西南的很多地方，还出使到东南亚一些地区。后来伊利汗阿鲁浑遣使者兀鲁歹等3人到元朝请婚，元世祖命其护送伯岳吾氏阔阔真公主西行，马可·波罗及其父、叔亦获准一同返乡。他们于至元二十八年（1291）由泉州乘船启程，途经伊利汗国，于四

图 32 马可·波罗画像

年后终于回到威尼斯。(图 32) 以后根据马可·波罗的记忆与口述,由鲁思梯切诺笔录,写成《马可·波罗行记》一书。此书轰动一时,在中世纪欧洲人面前展示了一个崭新而神奇的东方世界,影响了以后几个世纪的欧洲航海家、探险家。它现存的不同抄本即达140种,各种文字的译本亦有120种以上。

这一时期,来自中国的旅行家在历史上第一次访问了欧洲。汉文史料没有提到这位旅行家的名字和事迹,其有关情况仅见于西文记载。他的名字为列班·扫马(Rabban-Sauma),其中"Sauma"为本名,"Rabban"为叙利亚语"教师"之意,是尊称。扫马是生活在大都的畏兀儿人，自幼信奉景教，东胜州（今内蒙古托克托）人马忽思（亦为音译，Marcus）从其学。约至元十二年（1275），两人由大都出发赴耶路撒冷朝圣，但因故只走到报达（今伊拉克巴格达）。后来马忽思被拥戴为景教新教长，称雅巴·阿罗诃三世（Yahbh-Allaha Ⅲ），扫马也被任命为教会巡视总监。1287年，扫马受雅巴·阿罗诃三世及伊利汗阿鲁浑的委派，率使团出使欧洲。他在法国会见了法王腓利普四世和英王爱德华一世，又觐见教皇尼古拉斯四世，都受到热情款待。在圆满完成出访任务后，扫马回到报达，辅佐雅巴·阿罗诃三世管理教务，直到去世。列班·扫马访欧加强了西方对元朝的了解。他向教皇表示忽必烈大汗"对罗马教廷，也对拉丁民族和百姓怀有热爱之情"，并代表伊利汗阿鲁浑请求教皇派教士前往蒙古宫廷。教廷因而决定更积极地开展对东方的传教工作。

（三）罗马教廷在华的传教活动

早在蒙古建国以前，基督教的分支景教（聂思脱里派）即在大漠南北广泛传播，漠北克烈部、乃蛮部、漠南汪古部都有不少人信仰景教。从大蒙古国到元朝，景教在上层统治集团中也有一定程度的流行。如拖雷之妻、蒙哥和忽必烈的生母唆鲁禾帖尼出自克烈部，就是虔诚的景教徒。忽必烈时期在东北发动叛乱的宗王乃颜（成吉思汗幼弟帖木哥斡赤斤后裔）也信仰景教，马可波罗称其旗帜上"以十字架为徽志"。但在罗马教廷看来，景教属于基督教的异端，因此计划加强正宗教派天主教在东方的传播。1289年，天主教教士、意大利人孟特·戈维诺（Monte Gorvino）受教皇尼古拉斯四世委派，涉海来华。他于至元三十一年（1294）到达大都，向新即位的元成宗呈递了教皇的书信，被允许进行传教工作。根据现存孟特·戈维诺写给本国教友的信件，他曾长期居于大都，翻译《新约》和祷告诗，并兴建教堂二所，收养幼童150人，为大约6000人进行了洗礼。其间多次受到景教徒的攻击和诬陷，曾被关押、审讯，但最终得以昭雪。原来信仰景教的元朝驸马、高唐王阔里吉思（汪古人）也跟从他改奉天主教。元人将当时的基督教徒和教士，包括景教、天主教在内，统称为"也里可温"，在中央设崇福司进行管理。

1307年，教皇克利门特五世获悉孟特·戈维诺的传教业绩，正式任命其为大都大主教，并遣教士安德鲁（Andraw）七人东来相助。安德鲁一行先从陆路至印度，又经海路到达大都，沿途历经险厄，颠沛流离，共花费了7年多时间，最后到达者仅3人。元人朱德润曾经记载他们来华的情况，称其"四年至乞失密（今克什米尔），又四年至中州，过七度海方抵京师焉"。1312年，教廷又派出佛罗伦萨人彼得等来华，后亦到达大都。在新来教士的协助下，孟特·戈维诺更加积极地发展传教事业，在当时元朝最重要的国际贸易港口福建泉州设立了分教区。（图33）大约在1328年，孟特·戈维诺病卒。教皇闻讯后，又向中国派出第二任大主教尼古拉，从行教士20名。但尼古拉等人只到达了察合台汗国，随后下落不明。这段时间，意大利教士鄂多立克（Odoric）也来中国作私人旅行。他先由海路抵达广州，又经泉州、杭州、集庆等地北上，在大都居住三年，可能曾见到已近暮年的孟特·戈维诺。鄂多立克后由陆路经西藏、中

图33 元代泉州意大利主教古拉丁文墓碑

亚回到欧洲，并著游记传世。

孟特·戈维诺在大都发展的受洗教徒，以编入侍卫亲军的阿速人、钦察人、斡罗思人为主。顺帝在位时，孟特·戈维诺已经去世有年，这些教徒遂以知枢密院事福定、同知枢密院事者燕不花、左阿速卫都指挥使香山为首，向教皇上书，请求速派新任大主教东来。他们的上书在后至元二年（1336）由元顺帝派出的一个16人使团携带前往罗马教廷。使团还携带了顺帝致教皇的书信，以"长生天气力里、众皇帝之皇帝圣旨"的名义，写给"七海之外、日落之地、法兰克基督教徒之主罗马教皇阁下"，提出"开辟两国经常互派使节之途径，并仰教皇为朕祝福，在祈祷中常念及朕，仰接待朕之侍臣、基督之子孙阿速人"，又希望"带回西方良马及珍奇之物"。1338年，使团抵达教皇伯涅的克十二世的驻地阿维尼翁（在今法国南部），受到热情款待，游历了欧洲很多地方。随后教皇派佛罗伦萨教士马黎诺里（Marignolli）等数十人随元朝使团回访中国。马黎诺里一行经陆路于至正二年（1342）到达上都，向顺帝进呈教皇书信，献上骏马一匹作为礼物。其马高大，身纯黑，而后二蹄皆白。史书记为"拂郎国贡异马"。当时诸臣争作《天马赋》、《天马赞》，士子习文亦以《代拂郎国进天马表》为题，可见此事轰动朝野的盛况。马黎诺里等人在大都留居三年，后乘驿至泉州，经海道西返。元朝灭亡后，明太祖朱元璋曾遣返元末来华的欧洲人捏古伦，"命赍诏书还谕其王"。但此后奥斯曼土耳其帝国崛起于西亚，帖木儿帝国崛起于中亚，中、欧之间的陆海路联系都被阻断，往来遂告中止。

四　郑和下西洋

在宋、元海外交通和贸易不断发展的基础上，15世纪初，明朝政府组织了7次空前规模的远洋航行和官营海外贸易，这就是著名的"郑和下西洋"。

（一）郑和下西洋的经过

明太祖朱元璋建国后，对外奉行睦邻友好的方针。在晚年所撰《皇明祖训》中，他将边疆睦邻政策作为"祖制"规定下来，要求后世子孙不得"倚中国富强，贪一时战功，无故兴兵，致伤人命"。并把当时所知道的海外国家、地区基本上都列为"不征之国"。元末明初,东南沿海受到日本海盗倭寇的频繁侵扰,明廷除在沿海修建城戍防备外,又采取经济封锁的手段,禁止百姓私自出海贸易。由于实施"海禁",明朝与海外诸国的经济往来主要采取朝贡贸易的形式。各国官方使者以朝贡名义向明廷献上"方物",明廷将对方所需物品作为赏赐颁发,实际上是一种具有政治色彩的交换行为。此外,也允许贡使将所带多余物品与民贸易,但只有朝贡者才有贸易资格。明廷通过发放称为"勘合"的执照来限制各国朝贡次数,故又有勘合贸易之称。1402年,明成祖朱棣通过内战夺得皇位。他在对外政策上比朱元璋更为积极,不仅大力发展传统的朝贡贸易,还将这一贸易形式主动推往海外进行,"下西洋"的举措就这样出台了。具体负责这一工作的,则是明成祖的亲信宦官郑和。

郑和(1371—1433),云南昆阳州(今云南晋宁)人,出生于穆斯林家庭,本姓马。洪武十五年(1382),明军平定云南,年幼的郑和可能就在此时成为明军俘虏,被阉割送入宫中,成为宦官。后来他随侍燕王朱棣,因办事机敏能干,获得朱棣赏识。在朱棣夺取皇位的"靖难之役"中,立有战功,受赐姓郑。朱棣即位后,郑和升任内官监太监,人称"三宝太监"。"三宝"之号,可能出自信奉佛教的朱棣所赐。自永乐三年(1405)起,郑和奉命承担统领船队、远航"西洋"的任务。当时人将海外诸国以婆罗洲(今文莱)为界分为两部分,以东称东洋,以西称西洋,郑和的航行目标,主要是婆罗洲以西的东南亚、南亚、西亚、东非地区,在当时都属于"西洋"范围。

图 34 郑和墓

《明史·郑和传》记载:"成祖疑惠帝(即被成祖夺去皇位的建文帝)亡海外,欲踪迹之,且欲耀兵异域,示中国富强。永乐三年六月,命和及其侪王景弘等通使西洋。将士卒二万七千八百余人,多赍金帛,……遍历诸番国,宣天子诏,因给赐其君长,不服则以武慑之。"据此,则下西洋的目的,首先是追踪失去皇位后下落不明的建文帝朱允炆。但学者一般认为,综合7次下西洋活动来看,追踪建文帝的目的即使有,也是次要的。最主要的动因,应当还是"耀兵异域,示中国富强",这完全符合明成祖积极开拓的总体对外方针和好大喜功的性格特点。

郑和的7次远航,前几次几乎是连续不断地进行的,后几次才略微有一些间隔。永乐三年六月至五年（1407）九月为首航。回国后马上进行第二次航行，永乐五年九月出发，七年（1409）七月返回。七年九月，开始第三次航行，九年（1411）六月返回。永乐十一年冬，第四次下西洋，十三年（1415）七月返回。十五年第五次出航，十七年七月返回。十九年（1421）春第六次下西洋，二十年八月返回。二十二年明成祖死去，此后远航活动停止了一段时间。至宣宗宣德六年（1431），郑和奉命第七次下西洋。八年（1433）三月，郑和在归航途中病逝于古里（今印度南部西海岸科泽科德），七月船队回到南京，下西洋活动结束。（图34）

郑和7次下西洋，都统领着规模巨大的船队，船只上百，多时在200艘以上，满载瓷器、丝绸、铁器等货物。随行人员多达两万七八千人，包括官员、水手、军士、工匠、翻译、医生等各类专业人员。船队所到之处，宣扬明朝国威，邀请各小国前往朝贡，并就地进行交易，用所载货物换取当地特产。但总的来说，远航主要出于政治目的，其贸易并非等价交换，往往入不敷出，所得又多为奢侈品、珍禽异兽等无用之物，而航行成本巨大，颇有劳民伤财之弊。因此到郑和去世之后，随着明朝对外政策的收敛，"下西洋"已成为历史的绝唱。明宪宗在位时（1464—1487），受到宦官所说"永乐故事"的鼓动，派人至兵部索取郑和远航的档案资料。职方郎中刘大夏深恐宪宗再行此举，遂将资料藏匿销毁，终于不了了之。

（二）郑和下西洋的规模和航程

郑和下西洋代表着中国古代航海事业的鼎盛水平。它不仅建立

了西太平洋与印度洋之间的海上交通网,而且也为以后的世界地理大发现铺平了东方航路。著名明史专家吴晗曾总结说:

> 其规模之大、人数之多、范围之广,那是历史上前所未有的,就是明朝以后也没有。这样大规模的航海,在当时世界历史上也没有过。郑和下西洋比哥伦布发现新大陆早八十七年,比迪亚士发现好望角早八十三年,比奥斯·达·伽马发现新航路早九十三年,比麦哲伦到达菲律宾早一百一十六年。……可以说郑和是历史上最早的、最伟大的、最有成绩的航海家。

但由于档案资料的失传,有关郑和远航的一些细节问题疑莫能明,引起学者反复争论。其中最主要的争论是围绕两个问题展开的,一是郑和船队中大船的规模尺度,二是郑和船队的远洋航程及其终点。

郑和的船队由大大小小的众多船只编组而成,其大船称为"宝船",规模十分可观。郑和随员巩珍著《西洋番国志》,自序云:"其所乘之宝舟,体势巍然,巨无与敌。篷帆锚舵,非二三百人莫能举动。"关于具体尺度,最早的描述见于另一位随员马欢所著《瀛涯胜览》。明钞《说集》本《瀛涯胜览》卷首记载:"宝船六十三号,大者长四十四丈四尺,阔一十八丈。"稍后的一些史料,如顾起元《客座赘语》卷一"宝船厂"条、罗懋登《三宝太监西洋记通俗演义》第十五回,乃至20世纪30年代发现的《郑和家谱》,都载有上述数字。

《明史·郑和传》则将其笼统记述为"造大舶,修四十四丈,广十八丈"。按照一明尺等于0.317米的比例折算,则长约140米,宽57米。这一数字是否有夸大或舛误?其长、宽比例2.46比1是否合理?一个世纪以来,学者争讼不已,疑信参半。

关于长、宽比例,有的研究相信这一比例是合理的,因为木船如果造得过于瘦长,将不利于抵抗海浪冲击,巨型木船尤其如此。只有造得比较短肥,才能稳定航行。另有研究则认为此比例不合理,宽度过宽,"广十八丈"应为"广于八丈"之误,或应读为"广十、八丈"。对于总的长、宽尺度,一部分学者相信其真实性,认为这是唐宋以来造船技术不断发展与明廷政治需要相结合的产物。另一部分学者则认为并不可靠,当时造这样大的船既无可能,也无必要。又有学者推测"四十四丈四尺"的长度,实为长、阔相乘所得积数;"一十八丈"的宽度,实为阔、深相乘所得积数。看来在更直接、更有说服力的材料发现之前,上述争论还将延续下去。

郑和船队的远洋航程及其终点,是一个更加重要的争论话题。按照传统观点,郑和前三次航行,均只到达印度西海岸,第四次以后始到达阿拉伯、东非,完成了横越印度洋的壮举,最南曾抵达赤道以南、今肯尼亚沿海的麻林(或作麻林地,今译马林迪)一带。《明史·外国传七》记印度洋诸国云:"又有国曰比剌、曰孙剌,郑和亦尝赍敕往赐。以去中华绝远,二国贡使竟不至。"许多学者都主张这两个地方应当比麻林更远,但具体位置究竟在何处,看法仍然不一。

20世纪80年代,沈福伟针对郑和航程进行研究,提出了一些新的看法。他的看法大体可以归纳为四方面。首先,早在郑和第一次下西洋时，航程即已抵达波斯湾和阿拉伯半岛，第三次则到达东非，而并非仅限于印度西海岸。第二，传统看法中郑和远航的极点麻林（或麻林地），并非今天肯尼亚沿海的马林迪，而是位置更南的马赫迪里国，位于今天坦桑尼亚沿海的基尔瓦·基西瓦尼。第三，比剌、孙剌的位置更加往南，位于今天莫桑比克沿海、马达加斯加岛对岸。比剌系"比剌"之误，即南纬15°4′的莫桑比克港，孙剌则是南纬20°12′的索法拉。第四，根据1459年威尼斯制图家弗拉·毛罗所绘世界地图上的注记，郑和船队的一支分船队在第五或第六次下西洋时，很可能一度已经绕过了马达加斯加岛和好望角，进入南非西南沿海的大西洋海域。时间稍后，金国平、吴志良关于比剌、孙剌的研究，虽然考证途径不同，但结论与上述沈福伟的第三点看法相近。

2002年，英国退役海军军官加文·孟席斯（Gavin Menzies）在多年考察和研究的基础上，提出了惊人的观点：郑和船队于1421年远航到达美洲大陆，早于哥伦布72年发现美洲，早于麦哲伦一个世纪完成环球航行，其间还顺便发现了澳洲。随即孟席斯出版了专著《1421：中国发现美洲》。孟氏的见解引起一番新的讨论，绝大部分学者认为此说证据不足，臆测居多，持否定态度。否定的理由，一方面是孟氏论证所用资料不尽可靠，另一方面就是中文史料全无反映。如果郑和果真完成了环球航行，将对中国自古以来的地平大地观是一个彻底的颠覆，必然引起极大轰动。如此，当时的资料怎么可能毫无记载？因此孟席斯的新说是难以成立的。

不过另一方面，孟席斯的新说虽难成立，但传统说法将郑和远航的极点定在肯尼亚沿海,或许也确实有一些保守。元代旅行家汪大渊即曾到达肯尼亚以南的坦桑尼亚沿海。元朝后期人曾绘制两幅世界地图,李泽民绘有《声教广被图》,僧人清濬绘有《混一疆理图》。二图均已失传,但1402年朝鲜人李荟、权近绘制的《混一疆理历代国都之图》(日本龙谷大学图书馆藏摹本)明确注明是将前两张地图合并而成的,仅仅增详了朝鲜和日本部分。此图绘出了海洋包围的非洲,尽管比例失调,但却标注了35个非洲地名。在这张图上,非洲被绘成一个倒三角形,其南方、西侧均为海洋,反映出14世纪的中国地理学家已经了解非洲大陆的基本形状和大西洋的存在。结合上引沈福伟、金国平等学者的考证,应当说,郑和的船队或分船队航行到莫桑比克海峡的可能性是很大的,甚至到达好望角西侧,也是有可能的。这方面的讨论同样期待进一步发现新材料。

(三) 永乐时期的朝贡外交

无论郑和远航终止于何处,有一点可以肯定,那就是7次下西洋极大地促进了中国与亚非各国朝贡外交关系的发展。特别在前6次下西洋的永乐时代,"诸蕃使臣,充斥于廷",中外使节往来之频繁,为鸦片战争以前的古代中国所仅见。永乐五年,琉球、日本、苏门答腊、满剌加(今马六甲)、小葛兰(在今印度西海岸南部)诸国奉表入贡,其中多与当年结束的郑和第一次下西洋有关。每次"下西洋"返航,都有大批外国使节搭船前来;而护送他们回国,通常又成为下次远航的一项任务。第四次下西洋返航时,远在东非的麻林使臣随从来华,进献麒麟(长颈鹿),明成祖亲御奉天门接见,成为轰动一时的盛事。第五次下西洋带回了17个国家和地区的贡使，"各进方物，皆古所未闻者"。第六次则有16个国家和地区的约1200名使节一同来访。

除贡使来朝外，还相继出现一些海外国家国王亲自来朝的情况，这在历史上是少见的。浡泥（今加里曼丹岛）国王于永乐六年、十年两次来朝，满剌加国王则于永乐九年、十七年、二十二年三次来朝。永乐十五年，苏禄（今菲律宾苏禄群岛）东王、西王、峒王三位首领一同来访。十八年，古麻剌朗（今菲律宾棉兰老岛）国王又至。这些国王中，浡泥国王麻那惹加那（永乐六年来访）、苏禄东王巴都葛叭哈剌、古麻剌朗国王干剌义亦敦奔都在访问期间病逝，分别埋葬在南京、德州和福州。他们的墓葬也成为中国与上述国家友好关系的历史见证。

第四章 科学技术

一 印刷术

世界各民族早期，知识传授主要是通过口耳相传和辗转抄写，非常容易失传或出现讹误。印刷术的发明改变了这种状况，使得人类文化成果的广泛传播和完好保存成为可能。正是在这个意义上，它享有"文明之母"的美称。印刷术最早出现于中国，时间就是在唐宋时期。

(一) 雕版印刷的出现和应用

中国古代的印刷术，经历了雕版印刷和活字印刷两个阶段。在古代大部分时间里，中国人习惯使用雕版印刷。

雕版印刷的方法，一般是将纹质细密坚实的木材锯板刨平，在薄而透明的绵纸上写好文字，字面向下对贴到木板上，用刻刀按反面的字形将字刻出，即成为书版。在书版上刷墨，然后以纸覆盖匀拭，使文字印到纸上成为正字，揭下来，就成为印刷品。这种通过压印获取字迹的方法萌芽很早。殷商甲骨文中已出现"印"字，以下历代都有镌刻反文的印章。秦朝规定皇帝所用印章称玺，上刻"受命于天，既寿永昌"8字。东晋道教徒葛洪提到一种称为"黄神越章之印"的辟邪印符，长宽4寸，上刻120个字，这已有接近雕版的趋势了。另外东汉灵帝熹平年间曾经雕刻"石经"，将官方确认的儒家经书定本刻石立碑，读者可通过拓印的方法将经书内容复制到纸上，这与印刷术原理也是相通的。

但雕版印刷究竟始于何时，却是一个比较复杂的问题。据张秀民先生统计，曾出现过汉朝、东晋、六朝、隋朝、唐朝、五代、北宋7种说法。通过文字、实物材料的发现和考辨，目前唐朝说已为绝大多数学者所接受。至于具体时间段，仍然有不同的观点。如张秀民先生主张唐初贞观十年（636）已有雕版印刷，宿白先生认为雕版印刷的开始"有可能在唐玄宗时代"。肖东发《中国图书出版印刷史论》则又提出"雕版印刷术产生于隋至初唐之际"。据唐朝后期的一部笔记《云仙杂记》记载，早在唐太宗、高宗之际，著名僧侣玄奘就曾经将普贤菩萨的画像印在纸上，大量布施给信徒。如果这条

图 35 咸通九年雕版《金刚经》局部

资料属实的话,那么当时雕版印刷就已经出现了。大体而言,雕版印刷原理是在署押印章、拓印石经的启发下,随着造纸、制墨技术的发展,逐渐被人们所认识并加以应用的,可能很难找到非常准确、具体的发明时间。

  唐朝后期,雕版印刷术在民间的应用逐渐广泛。当时民间多私自雕版印制历书,在四川、淮南等地,官方历书尚未颁布,私印者已大量贩卖于市,故文宗大和九年(835)专门下令予以禁止。佛教印刷品也很流行,包括佛像、经咒、发愿文等等。武宗会昌年间(841—846)采取"灭佛"措施,即将大量佛教"印本"焚毁。20世纪初,在敦煌莫高窟发现唐懿宗咸通九年(868)王玠为父母祈福而出资刻印的《金刚经》，现藏于英国伦敦博物馆。卷长488厘米，高76.3厘米，首印佛像，次刻经文，印刷精美，反映出雕版印刷经长期发展，已经达到了比较高的技术水平。（图35）

五代后唐明宗长兴三年（932），在宰相冯道主持下，开始将儒家《九经》校勘后刻版印刷，历时20余年，至后周太祖广顺三年（953）工毕，并附刻《五经文字》、《九经字样》两种辅助读物，共计130册。这是第一次由官方组织的大规模印刷工程，影响很大，以致不少人曾将冯道误认为雕版印刷术的发明者。在南方诸割据政权所辖地域，印刷业也很兴盛，尤以吴越国都城杭州、前后蜀都城成都为最。

（二）宋代的印刷业

宋朝的雕版印刷更加发达，有官刻、家刻、坊刻之分。

中央、地方官府主持刊印的书称为官刻本。主管教育的国子监，同时也是国家出版机构，下辖书库，负责刊印经史等书，除供朝廷颁赐外，同时也向民间出售，利润缴纳国库。开国之初，国子监有书版4000块，到真宗景德二年（1005），仅过了45年，书版已剧增至10万块。此外中央崇文院、司天监、秘书监等机构，地方转运、安抚、提刑、茶盐诸司及府、州、军、监、官学，也都大量刻书。宋太祖开宝九年（971），遣内侍张从信等在四川主持刊刻《大藏经》5048卷，共雕版13万块，史称《开宝藏》或《蜀藏》。

士大夫私家或私塾刻书，称为家刻本。家刻本刊刻范围较官刻更广，尤以经史以外的子部、集部书为多。晚清目录学家叶德辉在所著《书林清话》中专门撰写了"宋私宅家塾刻书"的专条，列举了见于史料记载的宋朝私人刻书45家及其书目。

书商开设书坊（或称书肆），刻书销售牟利，所刻书籍为坊刻本。宋朝书坊遍及全国各地，如建安（今属福建）余氏勤有堂（亦称万卷堂）、临安（今杭州）陈氏书籍铺，都是世代刻书的老字号。它们通常拥有自己的写工、刻工和印工，其刻书或系接受委托，或自行编撰，具有名目新、刻印快、行销广的特点，对推动社会文化的繁荣作出了重大贡献。随着刻书业的发展，书商往往将经过精心校勘的私家或其他书坊刻本径自"盗版"翻刻获利，因此一些精刻本刊行时还曾呈准官府，颁布保护版权、禁止翻刻的命令。

北宋的刻书中心，主要为开封、杭州、四川、福建等处。北宋后期人叶梦得说，当时各地印刷的书籍，以杭州为上，四川次之，福建又次。开封印书的数量与杭州相近，但用的纸不够好。四川和福建书坊为追求刻书速度，往往用比较柔软的木材制作书版，影响了印刷质量。到南宋，江西取代开封成为一个新的刻书中心。各地所刻书籍质量虽有高下之分，但就流传到今天的宋刊本来看，大都是具有很高艺术价值的珍品。其字体多模仿颜真卿、柳公权、欧阳询等著名书法家的风格，又有方、长、扁、肥、瘦等不同字形。笔画粗细疏密、行内字隙、行格与字面大小、字与字组合等方面，能够巧妙搭配，珠联璧合，望之赏心悦目，其审美效果远非现代普通印刷书籍所能比拟。余如插图印制、版面装帧、书籍装订等等，无不精美可观。

另外，宋朝还开始出现彩色套印，主要用于纸币印制。本书第三章提到北宋时在四川等地发行的纸币"交子"，其印制就是"朱墨间错"，属于红、黑双色套印。套印对印刷技术的要求更加精密。如要印红、黑双色，即需用两块书版，在不同地方各自刻上红、黑字的内容。印刷时先就一块版印好一色文字，然后将印过的纸覆于另一版，在空白处印上另一色文字。这需要两版大小相同，空白处互相填补，如技术不精导致版面不齐、双色重叠，就会失败。要印更多种类颜色，皆可如法进行，只是刻版更多而已。14世纪，元朝中兴路（治今湖北江陵）刊印的朱、墨两色《金刚经注》，是今天所见最早的套印书籍。明朝中叶以后，套印技术与版画技术相结合，印出了非常鲜艳的彩色美术印刷品。

（三）活字印刷的发明

雕版印刷每印一书，就要专门雕刻此书的书版，费工费时，且保存书版要占用大量空间，颇多不便。因此在北宋仁宗庆历年间（1041—1048），平民毕昇发明了更先进的活字印刷术。

毕昇发明活字印刷的细节，记载在大科学家沈括的《梦溪笔谈》一书当中。先用胶泥制坯，一坯刻一字，用火烧硬，成为字印。在铁板上敷设松脂、腊、纸灰合成的黏合剂，上置铁框，将字印排列镶嵌于铁板之上、铁框之内。用火烘烤铁板，使黏合剂稍微熔化，然后以一平板覆压字面，使其平整，即可印刷。印毕再经烤火，取下活字，备下次使用。通常准备两块铁板，一板印刷，一板布字，交错使用，可以大大提高印刷速度。平时将活字按字韵分类，置于木格之中，以备查找。常用字多制造一些字印，以备一版内重复使用。遇生僻字，则临时烧制字印。毕昇这一发明，包括制造活字、排版、

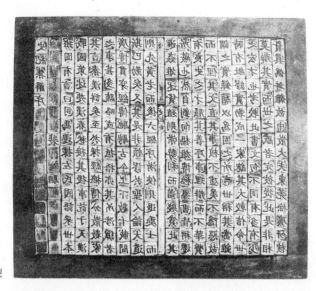

图 36 泥活字模型

印刷三道工序,与现代铅字排印的原理完全相同。(图36)

不过,由于汉字字数多,印刷所用活字数量庞大,制字、拣字、排字都比较费事,同时总体而言古代印书种类仍然有限,经史之类都要反复印刷,因此在雕版印刷已成习惯的情况下,活字印刷并未取代前者的地位,只是偶尔见于记载。南宋光宗时,周必大曾用泥活字印刷他撰写的《玉堂杂记》。另外西夏也曾用活字印行西夏文佛经《吉祥遍至口和本续》,这可能是今天所见最早的活字印刷品。

泥活字对制造工艺要求较高,否则即容易破碎。元朝人王祯因而又设计了木活字。王祯著有农学专著《农书》,其中附有《造活字印书法》,详载他的木活字印刷术。先将文字刻在木板上,然后锯成单个活字。排版时用竹片填塞缝隙,使版面紧固,即可刷墨印书。王祯同时发明了"转轮排字盘",用机械装置加快拣字速度,提高印刷工作的效率。木活字的创制使得活字印刷的应用进一步推广。王祯还提到当时曾有人制造锡质金属活字，但印刷效果不佳。到明朝，金属活字的制造、印刷技术继续提高，活字印刷开始更多地使用铜质活字。

（四）印刷术的外传

印刷术发明后，逐渐向海外传播。在汉字文化圈内的朝鲜、日本、越南等东方邻国，很早就接受了中国的雕版印刷术，并且在书籍版式、字体、装订等方面，都仿照中国的习惯。15世纪初，朝鲜在学习中国活字印刷术的基础上，首先开始用浇铸法研制铜活字，铜活字的应用比中国还早。

印刷术的西传是通过陆、海丝绸之路逐步推进的，先传到中亚、西亚和北非，最后到达欧洲。蒙元帝国统治时期，中西往来畅通，旅行家马可·波罗等人在游记中介绍了中国的雕版印刷、特别是印制纸币的技术，在欧洲引起很大反响。天主教会首先利用雕版印刷来印造宗教宣传品，民间也用以印制纸牌等物。过了不久，雕版印刷即为活字印刷所代替。15世纪中叶，德国人约翰·谷腾堡用铅、锡、锑合金制造西文字母活字，开创了欧洲文明史的新纪元。谷腾堡的活字是否仿自中国，材料不足，难下定论。但很多学者认为，他如果不是直接学习中国活字印刷技术，至少也受到了欧洲人东方见闻的启发和影响。美国学者卡特在《中国印刷术的发明和它的西传》一书中指出："即使（西方）所得的报道很含混，对于印刷的方法也只有断片零星的材料，但这种了解得相当模糊的别一国家成就的背景，一定可以发生转移空气的作用，印刷的技术在这种有利空气中一定迟早会被发现。"

二 火药与指南针

中国古代的四大发明中,印刷术、火药和指南针都出现在唐宋时期,并在随后传到西方,对西方近代文明的产生起到了巨大的推动作用。近代英国思想家培根说:

> 印刷术、火药和指南针……曾改变了整个世界事物的面貌和状态,……由此产生了无数的变化。这种变化是这样大,以至没有一个帝国、没有一个教派、没有一个赫赫有名的人物,能比这三种机械发明在人类的事业中产生更大的力量和影响。

马克思则指出:

> 火药、指南针、印刷术——这是预告资产阶级社会到来的三大发明。火药把骑士阶层炸得粉碎,指南针打开了世界市场并建立了殖民地,而印刷术则变成了新教的工具和科学复兴的手段,变成对精神发展创造必要前提的强大杠杆。

印刷术已在上节叙述,这一节则要介绍火药、指南针的发明和应用情况。

(一) 火药与火器

火药的出现,起源于炼丹术。炼丹术是以人工方法炼制食用"仙丹"以求长生、或炼制金银以求暴富的方术,其产生以中国为最早。历朝历代,都有人热衷其事,百折不回,死而不悟。尽管炼丹的目的事实上并不可能达到,但炼丹活动客观上在化学、冶金学、药物学、生理学等方面积累了大量有价值的经验,其中与化学的关系尤为密切。在欧洲中世纪末,经过科学家的改造,炼丹术逐渐演变为通过加工天然原料、从混合物中析出实体的方法来制造特效药物和提炼纯净精华的一门技术,并在吸取近代科学哲学理论之后,发展为化学科学。中国古代的炼丹术虽然没有经历类似的升华过程,但在炼丹实践中也发现了不少重要化学现象,制造了许多化学化合物。对汞、铅、砷、矾等重要元素及有关化合物的提炼、合成,都曾反复实验,取得许多成果。火药同样是炼丹家无意之中获取的化合物。为了长生不老的目的,却研制出致人死命的战争工具,对炼丹活动也不失为一种嘲讽。

中国古代发明的火药,现在称为黑色火药。它由硝石(硝酸钾)、硫黄(硫)和木炭(碳)的粉末混合而成,呈黑褐色。硝酸钾是氧化剂,通过加热会释放出大量氧气。硫、碳易于被氧化,是常见的还原剂。这三种物质混合燃烧,氧化还原反应非常迅猛,会产生高热和大量气体。如果将它们包裹、密封,燃烧时高热气体猛烈膨胀

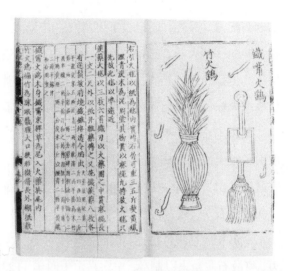

图 37 《武经总要》书影

数千倍，就会冲破包裹，导致爆炸。炼丹家在长期炼丹实践中，逐渐掌握了硝酸钾、硫、碳三种物质的性能和提取方法，并且发现了将它们混合点燃后的猛烈燃烧效果。成书于唐朝中后期的炼丹著作《铅汞甲庚至宝集成》和《真元妙道要略》都记载了这一发现。当人们开始有意识地利用这种猛烈燃烧效果的时候，火药事实上就诞生了。

在唐末军阀混战中，曾有"发机飞火"的记载，有学者认为这表明火药已用于作战。到北宋，即开始组织火药及有关兵器的大规模生产。首都开封所设国家军工工场的众多作坊内，包括专门制造火药的作坊。由于涉及军事机密，有关制造程序都要求工匠熟诵，并严禁外传。为制造火药，宋廷从日本进口硫黄，同时禁止硫黄、硝石出境，特别是流入辽国。官府还鼓励有关人员研制火器，成者予以奖励。宋仁宗时，大臣曾公亮等奉命编纂军事学著作《武经总要》，其中记述了"毒药烟球"、"火炮"、"蒺藜火球"三种火器各自不同的火药配方。另外，还记载了火药箭、引火球、霹雳火球、铁嘴火鹞等其他一些火器。(图37)这些火器中，大部分是用做纵火器具，发挥其迅猛燃烧的功能，或兼事发烟、散毒，爆炸作用尚不突出。但像霹雳火球，燃烧后声如霹雳，已具备爆炸火器的基本特征。

南宋与金对峙期间，双方竞相改进火药性能，研制爆炸火器，都取得了较大成就。宋高宗绍兴三十一年(1161)，宋金战于采石(今安徽马鞍山)，宋军施放了一种新式武器"霹雳炮"。它以纸为外壳，中间填充石灰、硫黄，爆炸时声如雷鸣，纸壳破裂，石灰散为烟雾，金军军士和战马眼睛被迷，因而被宋军打退。这是利用火药的爆炸力，喷散石灰粉末以制敌。宁宗嘉定十四年(1221)，金军攻宋蕲州(今湖北蕲春)，使用了铁火炮。铁火炮以金属为弹壳，其爆炸杀伤力较之上述纸壳的"霹雳炮"大大增强。后来蒙古进攻金朝南京(今开封)，以牛皮制成掩体，军士藏在其中掘城，矢石不能伤。金军自城上悬下铁壳炸弹"震天雷"炸之，人与牛皮都被炸得粉碎。元灭南宋时进攻静江(今广西桂林)，城中宋军200余人引爆一具铁火炮殉国，"声如雷霆，震城土皆崩，烟气涨天"，城外元军"多惊死者"。火灭后入城检视，200余宋军已"灰烬无遗"。可见到金、宋末年，它们都已拥有威力相当大的爆炸火器。蒙古在攻金战争中也很快掌握了铁火炮技术，成吉思汗西征和忽必烈伐日本之役都曾使用。

宋末元初人周密在他写的笔记《癸辛杂识》中记述了元灭南宋不久发生的两次火药爆炸事件。元军将南宋丞相赵葵在溧阳(今属江苏)的官舍改为火药库，一天不慎失火，引起库藏火炮爆炸，"声如震霆，地动屋倾"，旁边饲养的四只老虎也被炸死。扬州炮库也发

图38 元代火铳

生了类似事件，失火后"诸炮并发，大声如山崩海啸，……远至百里外，屋瓦皆震"，"守兵百人皆糜碎无余，楹栋悉寸裂，或为炮风扇至十余里外。平地皆成坑谷，至深丈余。四比居民二百余家，悉罹奇祸"。从周密的上述描写可以知道，这时火药的爆炸性能已经非常猛烈，远非北宋《武经总要》所载燃烧性火药可比。

  管形火器也逐渐出现。南宋初年，德安（今湖北安陆）知府陈规使用一种类似喷火器的火枪拒敌，这是世界上有关管形火器的最早记载。宋理宗时出现"突火枪"，"以钜竹为筒，内安子窠，如烧放，焰绝然后子窠发出如炮，声远闻百五十余步"，根据这一描写来看，已与后世的步枪有些接近。到元朝，管形火器发展为金属铸造的火铳。其中一类形体细长，口径较小，适于手持使用，称为"手铳"。另一类则形体粗短而重，口径较大，装在木架上发射，称为"碗口铳"。（图38）后者威力巨大，元末人尊之为"铜将军"。明朝前期，火铳已在军队中广泛配置。据估计，明太祖时全国军队装备火铳可能多达12.5万至18万支。火器的演进表明火药制造技术和质量有了大幅度提高。这种新型物质力量传到西方后,为人类的军事、经济活动开辟了崭新的天地,在中世纪向近代社会的转变过程中发挥了巨大作用。

(二)指南针与航海术

指南针是利用磁铁在地球磁场中的南北指极性而制成的一种指向仪器。早在战国时期,古人已开始利用天然磁石的指极性制作形状似勺、以勺柄指南的"司南",但加工磨制不易,并且容易因受震等原因失去磁性,故未能广泛使用。以后在长期实践中,逐渐发现了人工磁化方法,真正的指南针随之诞生。

北宋军事学著作《武经总要》载有一种"指南鱼"的制作方法。将薄铁片剪成首尾呈尖状的鱼形,置炭火中烧到通红,用铁钳夹头部取出,使尾正对北方,蘸入水中数分即止,然后密封保存。用时放在水中,鱼头即指向南方。其制作原理,是通过烧灼打乱铁片中的分子排列结构,然后使其在指向南北方向的状态下骤然冷却,分子位置在地磁场作用下重新排列,铁片因而磁化。沈括《梦溪笔谈》则记载:"方家以磁石摩针锋,则能指南。"这是一种利用磁石摩擦导致磁化的办法,操作简便,产生的磁性较为稳定持久,大大促进了指南针的推广应用。关于指南针的装置方法,沈括共提到四种,一是水浮,二是放在指甲上,三是放在碗唇上,四是用丝粘悬,其中第四法效果最佳。(图39)沈括还指出:指南针使用时"常微偏东,不全南也"。寇宗奭《本草衍义》"磁石"条,将这种现象进一步概括为"常偏丙位"。古人以午位为正南,丙位相当于南偏东15度。这

图 39 北宋缕悬式
指南针复制品

说明当时人已经认识到地磁偏角的存在,并对其角度有了大致的估测。南宋时,陈元靓《事林广记》介绍了一种"指南龟",以木刻为龟形,腹内安装磁石,腹下挖一小穴。然后将龟放在竹钉上,拨转后待其静止,则龟首指北而尾指南。这种装置法支点稳定,摩擦阻力小,其原理已与近代指南针的支轴形式基本一致。

　　古代的指南仪器,起初较多地用于风水堪舆之术和行军作战。在宋代,海外贸易兴盛,指南针的发明恰好适应了这一需要,很快应用于航海。12世纪初朱彧著《萍洲可谈》,书中说,航海者判断航向,夜里观察星辰,白天观察太阳,阴天就只能看指南针了。稍后曾经出使高丽的徐兢也说：航海时遇到阴天，就用"指南浮针"来判断南北。这时所用的指南针，是放在水中的"浮针"，还比较简陋。南宋赵汝适《诸蕃志》则记载，商船在海中航行"惟以指南针为则"，要不分昼夜，认真观察，"毫厘之差，生死系矣"。要精确到"毫厘之差"，所用指南针应当已经发展为具有明确方位刻度的罗盘。南宋末年，吴自牧的《梦粱录》一书即明确提到当时所用的航海指向仪器为"针盘"。针盘即古代罗盘，亦称罗经。它将东西南北方向细分为24个方位，分别用子丑寅卯等十二地支、甲乙丙丁庚辛壬癸八天干和乾坤巽艮四卦名指代，每个字相当于15度。后来又发展为在两字之间加夹缝针，即可分出48向，每向精确到7.5度。海上航行使用罗盘导航之后，不同航向用不同的"针位"来表示，将航行中变换过的不同针位连接起来，就可对整条航线作出描述，称为"针路"。将针位、针路记录下来，作为以后航行的依据，称为"罗经针簿"，或简称"针经"。

到元代，罗经针位已成为海上导航的主要手段。13世纪末，周达观在《真腊风土记》书中记述出使真腊（今柬埔寨）的经历，提到航线时即用针位表示。稍晚成书的官修政书《经世大典》则称元朝的海运粮船"惟凭针路定向行船，仰观天象以卜明晦"。此时观察天象主要是为了预测气候变化，与北宋时以天象导航为主、指南针导航为辅的状况已经明显不同了。

隋唐宋元时期，航海技术在许多方面都有重大进步。造船工业的发展，可以造出载重量大、安全性高、航行距离长的航船。对海洋潮汐的研究逐渐深入，认识到潮汐变化与月球运动的联系，已经大体掌握潮汐循环往复的变化规律。绘图技术的提高，促进了航海图的绘制和应用。指南针导航技术与上述进步相结合，终于导致在明朝前期出现了举世闻名的大规模远洋航行活动——郑和下西洋。

三 建筑技术

（一）木结构建筑

木结构建筑是中国古代大型建筑的主要形式，宫殿、寺庙、楼阁的建筑都大量使用木建构。隋唐都城长安的宫殿营建，使用了木结构建筑栽柱入地技术，也就是后来宋朝《营造法式》所说的"永定柱"，在其上建立平座和上部殿身木构。考古发掘所见唐长安大明宫含元殿、麟德殿遗址，都可以见到这种技术的遗迹。长安城在隋朝称大兴城，其营建工作是由隋朝的著名建筑家宇文恺负责的。他曾经提议修建古书中所说帝王宣明政教的礼仪建筑"明堂"，按1：100的比例进行了图纸设计，并制造出木制模型。这在古代建筑技术史上是一个重要进步。宇文恺还设计制造了一种可以容纳数百人的"观风行殿"，这是一座大型的积木式活动建筑，可随意拆卸、拼装和移动，"离合为之，下施轮轴，推移倏忽，有若神功"，隋炀帝巡视边疆时用来向当地少数民族夸耀，观者"莫不惊骇"。同时期的另外一位建筑专家何稠，也制造过原理相近的"六合城"，以预制木构件随时装配。隋炀帝征高丽时在前线拼装，一夜即成，周长8里，高10仞，四角有阙楼，四面有观楼，城上布列军士，树立仪仗旗帜。

图 40 唐南禅寺大殿

高丽人看到也大为吃惊,"谓若神功"。观风行殿和六合城的建造,是大型建筑装配化的一种创造性尝试。

除宫殿外,隋唐时期重要的木结构建筑还有滕王阁和黄鹤楼,均以规模宏伟著称,是重要的历史名胜。但经后代重修,今天所见已非完全的原貌。留存至今的唐代木结构建筑,较完整的有山西五台山的南禅寺大殿和佛光寺大殿。南禅寺大殿建于唐德宗建中三年(782),其主要构架、斗拱和内部佛像基本上都是原物。(图40)佛光寺大殿建于唐宣宗大中十一年(857),时间虽晚一些,但规模较大,而且在后来的修葺中改动极少,可以作为唐代木构殿堂建筑的范例。大殿面阔七间,进深四间,由立柱、斗拱、梁枋组成梁柱式的构架,立柱又包括内外两周柱。殿的内柱、外柱和梁枋互相连接,组成一个稳固的整体，并以柱的侧脚加强构架和榫卯结合。殿的外檐斗栱使用下昂和横拱，借以挑悬承重，并使檐部受力均匀，形制也显得雄壮有力。屋檐的翼角翘起，由中心柱向角柱逐渐增高，屋顶的曲线轮廓由各层纵横的大小梁枋和檩条标高的变化形成，表现出稳健雄丽的建筑风格。佛光寺大殿虽然只是一座中型殿堂建筑，但已包含梁、柱、斗、拱、昂等木结构的主要构件和形式，形成一套完整的构架体系，反映出唐代木结构建筑技术已经相当成熟。

宋代木结构建筑的规模一般比唐代要小，建筑形式总体上倾向于轻巧，秀丽和变化。例如建筑组群在总平面上加强了进深方向的空间层次，殿堂屋宇坡度增高，屋顶出现丁字脊、十字脊，殿堂平面出现工字形、亚字形等。建筑中有时采用减柱的做法，使结构布置更加灵活，并且改善和扩大室内空间。在与北宋对峙的辽，其木结构建筑也很有特点，保存下来的有河北蓟县独乐寺观音阁和山西应县木塔，均经历了千年左右大风和地震的考验而未损毁。独乐寺观音阁建于辽圣宗统和二年（984），是一座三层重叠的木结构建筑，继承了唐代建筑的框架法，当中一层是暗夹层，从外表看是两层，结构科学，抗震力强。应县木塔是我国现存最早的木塔，建于辽道宗清宁二年（1056），全部用木料构筑，为楼阁式，五层六檐，高67米。（图41）其建筑十分精巧，内外斗拱按其位置和受力不同而式样各异，多达60余种。塔的暗层内，在内外槽柱间使用了斜撑、梁和短柱，组成不同方向的复梁式木架，增加了塔身的稳定性。另外，建于辽道宗清宁八年（1062）的山西大同华严寺，还保留两座大的木结构殿堂。其中大雄宝殿是我国现存最大的木结构建筑，建造时

图 41 应县辽代木塔

就采用了减柱法。

元朝木结构建筑的现存代表性作品,是山西洪洞县广胜寺下寺正殿,建于元武宗至大二年(1309)。殿内因使用减柱法,柱子分隔的间数少于上部梁架的间数,因此梁架不能直接放在柱上,而是在内柱之上放置横向的大内额以承载梁架,这一设计是很巧妙的。

(二)砖塔

塔是佛寺建筑的重要组成部分,其最主要的两种类型是木塔和砖塔。木塔更加易于损毁,所以保存到今天的古塔以砖塔为多。唐代砖塔大多为楼阁式或内楼阁、外密檐相结合的密檐式,采用筒式结构,外壁用砖砌成,内部架设木梁、木楼板,用木梯上下。平面大部分为方形,八角形较少。现存最著名的唐代砖塔,是长安慈恩寺的大雁塔和荐福寺的小雁塔。大雁塔属于楼阁式,初建时只有5层,不久增建至10层,后因兵火毁坏,仅存7层,明代作了修葺,现高64米。(图42)小雁塔属于密檐式,原高15层,后因地震毁去两层,现存13层,高43米。两座塔都属于高塔,反映了唐代高层砖结构建筑技术的杰出成就。

宋代砖塔的代表作是开封开宝寺的铁塔,建成于宋仁宗庆历元年(1041),平面呈八角形。塔的外层用带有佛像图案的铁色琉璃砖砌成,屋檐、斗拱亦用特制的铁色琉璃砖,故俗称铁塔。其内部结构改变了砖砌塔筒与木制楼板相结合的传统做法,而是以塔心柱与周围砖壁组成盘旋而上的回廊,成为以后北方通用的砖塔建筑方法。

图 42 大雁塔

至和二年（1055）所建定州（今河北定县）开元寺塔，接近宋辽边境，为瞭望敌情而建，俗称"瞭敌塔"。共分 11 层，高度达到 84 米，是我国现存最高的砖塔。

元朝砖塔出现一种新的类型，即随喇嘛教传入内地的尼波罗（今尼泊尔）式白塔。现存代表作为大都大圣寿万安寺（今北京白塔寺）白塔，是由尼波罗工艺家阿尼哥设计建造的，高 50.86 米，全部由砖砌成，是实心塔，外刷石灰。塔身虽不用雕饰，然而轮廓雄

图43 北京白塔寺白塔

浑，构造匀称，显示出独特的异域风情。（图43）

（三）桥梁

隋代工匠李春修建的赵州安济桥，俗称赵州桥，位于今河北赵县城南洨河之上。它在桥梁工程技术方面有重大的改进和创新，体现了高超的桥梁建筑水平。桥为单孔，南北向，长50.82米，宽9米。桥形改变了以往石拱桥多用半圆形拱的传统，改用坦拱形式，跨

图44 赵州桥

度37.02米,拱券高度仅为7.23米。其高度与跨度之比约为1∶5,远小于圆弧半径和直径之比,坡度小而桥面平,便于通行。又将以前通用的实肩拱改为敞肩拱,在主拱两端各建两个小拱,既能减轻主拱和桥基的承重负担,又可收泄洪之效,还节省了工料,构思精巧,外形美观。唐朝人形容它的样子如同"初月出云,长虹饮涧"。整个拱券由纵向并列砌置的28道拱券组成,而又坚如一体。赵州桥位于南北交通要冲,历代重载车辆往来频繁,加上数百次洪水和多次地震的冲击,在1400年后仍然完好,称得上是一个奇迹。它是我国现存最古的石拱桥,也是世界上首创的敞肩式拱桥,比西方同类桥的出现早了1200多年。(图44)

宋代桥梁建筑,以福建泉州洛阳桥和晋江安平桥最为著名。两桥均为梁架式石桥。洛阳桥建成于北宋仁宗时,位于洛阳江入海处,现长834米,宽5米,有47个桥孔。其建造使用了"筏形桥基",在江底铺设长条基石,筑成长500米、宽20余米的石堤,然后在石堤上筑墩建桥。石堤和桥墩间使用牡蛎来固基,利用牡蛎的石灰质贝壳附在岩石间繁殖的特性,将石堤和桥墩的石块固定为一个整体。这个方法在历史上是首创的。安平桥建成于南宋高宗年间,位于安平海湾,全长约2500米,有桥墩361座,是中国古代最长的桥梁。金朝章宗在位时建造的卢沟桥,位于今北京西南的永定河上,全长266.5米,宽8米多,是一座石砌连拱桥,共11孔。两侧石栏和望柱上雕刻大小、形态各异的石狮485只,表现出高超的石雕艺术水平。(图45)根据20世纪后半期的实地测试,卢沟桥尽管已有局部残坏,但载重能力仍然高达429吨。

图45 卢沟桥石狮

（四）建筑学著作

宋代开始出现中国历史上最早的建筑学专著，对这一时期的建筑技术水平进行了总结。首先是北宋初年著名工匠喻皓撰写的《木经》，但这部书已经失传，其内容仅在沈括《梦溪笔谈》中有片段保存。这些片段内容中，已经谈到了木结构建筑中各类构件之间的尺度比例关系，如屋架尺度须依梁的跨度为准，阶基高度应以柱高为准等。

现存的最早建筑学专著是北宋末年的李诫《营造法式》。李诫在宋徽宗时担任将作监一职，主管工程建设事务，于元符三年（1100）编成此书，崇宁二年（1103）刊行。《营造法式》实际上是北宋官修的一部建筑设计和施工手册，全书34卷，共分257篇，3555条。第一、二卷是"总释"，对重要的建筑术语、概念进行说明和考释。第三卷是壕寨和石作制度（"作"指行业或工种），第四、五卷是大木作制度，第六卷至十一卷为小木作制度，第十二卷是雕作、旋作、锯作和竹作四种制度，十三卷是瓦作泥作制度，十四卷是彩画作制度，十五卷为砖作窑作制度。第十六至二十五卷是诸作的"功限"，即各工种的劳动定额。第二十六至二十八卷为诸作"料例"，规定了各作按构件等第大小所需的材料限量。第二十九至三十四卷是诸作图样。书中涉及了建筑设计、结构、用料、制作和施工等多方面的内容，全面地反映了宋代建筑工程的技术和艺术水平。在《营造法式》编修之前，官府对于建筑工程的"程式"制度已经比较重视，但还没有详细的记载和总结。《营造法式》则将工匠中世代相传、经久行用的技术和标准归纳起来，形成了条文而加以推广，具有重要的指导意义。例如书中规定梁的截面尺寸高度比为3∶2，这个比例正是从圆形木材中截锯出抗弯强度最大的矩形用材最佳比例，证明宋代工匠对木材受力的性能有了充分的认识。像这一类具体的技术和标准，许多都为以后元、明、清诸朝长期沿用。

四 医药学

(一) 巢元方《诸病源候论》

隋唐时期，国家医药制度的建设已较为完备，推动了医药学的发展。太常寺下统太医署，太医署立有医学、分科教授，教官有博士、助教等。隋朝的太医博士巢元方，奉诏主编了《诸病源候论》50卷，这是中国古代第一部病源症候学专著。全书分67门，比较详尽地论述了分属今天内、外、妇、儿、五官、皮肤等科1700余种疾病的症候，包括病因、病理、病变等多方面内容，可谓集隋朝以前疾病认识之大成。唐朝以下重要医学著作对疾病症候的讨论，大多以此书为依据，宋朝太医局还将它定为学生的必修教材。

《诸病源候论》书中所载病症，以内科疾病为主，内容详赡。其他各科所占比重虽小，但区分也很细致。如外科仅"金创"一类就记载了23种病候，妇科杂症多达140余种，皮肤病40余种，眼科病38种。书中很多地方沿用传统中医经典《内经》的理论，但已经注意到寻求特异的病因和发病机理，较之《内经》的笼统论述有了显著进步。如对流行性传染病病因的讨论，在继承前人所言气温突变等病因外，进而指出"人感乖戾之气而致病"，"须预服药及为方法以防之"。对寄生虫病的感染，也明确提出是饮食不当所至。这样，通过对每一病症的概括阐述，使得《内经》理论同临床实践进一步相结合，对中医理论由生理、病理到预防、治疗形成一个比较完整的理论体系起了很大的促进作用。

中国古代医学著述大部分是医方类书籍，有关基本理论的著作相对较少，《诸病源候论》则是《内经》、《伤寒杂病论》以后中医理论方面的又一部重要作品。它原则上不载药方，不过在论述"金创病诸候"时，对外伤处理及手术方法时有述及。另外在许多病症后面附有补养导引之法，对养生术进行了探讨。

（二）孙思邈《千金方》和王焘《外台秘要》

隋唐时期，医方类书籍的编撰很盛行。隋朝政府曾经组织编纂《四海类聚方》，内容多达2600卷，可惜已经亡佚。保存下来的医方类书籍，以孙思邈《千金方》和王焘《外台秘要》最为著名。

孙思邈，隋唐之际人，一生行医，不应官府征聘，据称活到100多岁。著有《备急千金要方》、《千金翼方》各30卷，序言中说："人命至重，贵于千金，一方济之，德逾于此。"因此用"千金"作为书名，后人将二书合称为《千金方》。《千金方》论述了中医基础理论和各科疾病的诊断、治疗问题，记载了大量处方、用药方法以及食疗、导引、按摩等养生术，总结了公共卫生和个人卫生对疾病预防的重要意义，对医生的专业修养和医德问题也进行了讨论，被誉为中国最早的一部临床实用百科全书。书中特别强调综合疗法，不拘于古代医经"非此方不能治病、非此药不能开方"的一些传统观念，而提倡"有一病而立数方，亦有一方而治数病"。除用药外，兼用针灸、食疗等辅助手段。孙思邈十分重视对妇女儿童疾病的诊治，根据妇女儿童各自的生理特点对妇、儿科疾病进行研究，并将有关内容置于书首。《千金方》共收载药物800余种，对其中很大一部分药物的产地、采集时间、炮制方法作了详细记录，并力图根据治疗功效对药物作出具体分类，对后代药物学有重要影响。因此，孙思邈被后人尊称为"药王"。

王焘，唐中期人。曾长期在国家藏书机构弘文馆任职，研读了大量的古代医学文献，于玄宗天宝十一年（752）编成《外台秘要》一书。全书40卷，1104门，主要是选辑唐中叶以前的古代医书，皆注明卷次，排列异同。除《诸病源候论》、《千金方》等重要著作外，还广泛采集其余医书数十家，使后人得以由此窥见许多古代散佚医方书籍的基本内容。书中各门均先载论，后载方，条理清晰，便于读者学习和应用。

（三）官修本草与方书

现存中国古代也是世界上第一部国家药典，编修于唐前期的高宗朝。当时医学界通行的药典是南朝陶弘景《神农本草经集注》。这部书沿用已久，暴露出一些错误和不全面的地方。唐高宗即位后，组织人力对陶书续作修订，至显庆四年（659）书成，名《新修本草》，后人也称为《唐本草》。全书54卷，收录药物844种，除目录2卷外，共分三部分。首先是本草正文20卷，在陶书的基础上增入百余种新药，重新编订，分为9类，详述各种药材的性味、功效、主治疾病。其次为本草图25卷，绘制药材标本的图形。最后为本草图经7卷，是与本草图相对应的文字说明，记载其产地、形态鉴别、采集时节与炮制方法。这部药典图文并茂，系统地总结了唐以前的本草学成就，具有较高的学术水平，颁行后成为法定的药物学教科书，并流传到日本等国。

《唐本草》的编订刺激了本草学的进一步发展，此后相继涌现了一批各有特色的私修药物学著作。唐中期人陈藏器撰《本草拾遗》，对《唐本草》遗漏的一些药物进行增补，并根据中医的病理学说，将中药功用分为宣、通、补、泄、轻、重、滑、涩、燥、湿十类，称为"十剂"。另如孙思邈弟子孟诜撰《食疗本草》，记述有食疗功用的果实、蔬菜等食物，唐后期波斯人后裔李珣撰《海药本草》，记述海外传入的各种药材，都大大丰富了传统本草学的内容。

宋朝统治者对医学也十分重视，设有翰林医官院和太医局，主管医疗和医学教育事业。太医局下设熟药所，地方设惠民药局，制造并出售成药。又设校正医书局，专事校勘、整理医学文献。宋太祖时编成《开宝重定本草》，仁宗时编成《嘉祐补注神农本草》，徽宗时在民间医生唐慎微《经史证类备急本草》的基础上整理颁行《政和新修经史证类备急本草》，搜罗药物日益广博。太宗时编纂《太平圣惠方》100卷，徽宗时编纂《圣济总录》200卷，是两部规模巨大的官修方书。前者收方16834首，后者收方更多达2万余首，当时的医方基本上囊括无余。宋廷还将太医局所制成药的配方加以修订，公开出版，名为《太平惠民和剂局方》。其中所收药方少而精粹，每方详列配制方法、主治疾病、服法、剂量、服药禁忌等,实用价值很高,在社会上产生了重大影响。元代医学家朱震亨评论它是"官府守之以为法,医门传之以为业,病者恃之以立命,世人习之以成俗"。

(四)针灸、解剖与法医学

宋代各科临床医学都取得了不同程度的成就。如陈自明《外科精要》、《妇人大全良方》、钱乙《小儿药证真诀》等,都将有关领域的医疗水平推进到新的高度。治疗手段方面,针灸学的发展比较显著。北宋医学家王唯一奉旨设计铸造了两个铜制人体模型,并编著《铜人俞穴针灸图经》相辅行世。《图经》记载了354个穴名,单穴、双穴总计共有657个穴位。铜人仿成年男子体形制成,内具脏腑,灌入水或水银,外刻穴名,涂以黄蜡。用针刺穴,刺准则液体流出,刺偏则针不能入。其设计十分精巧,可供针灸教学、考试之用。(图46)南宋王执中又著《针灸资生经》,进一步总结了到宋代为止的针灸学成果。

人体解剖知识也有明显进步,在进行尸体解剖的同时,绘制出了人体解剖图。北宋仁宗时广西处决欧希范等56名犯人,经解剖绘出了《欧希范五脏图》。

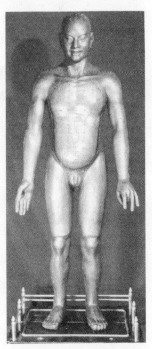

图46 北宋针灸铜人模型

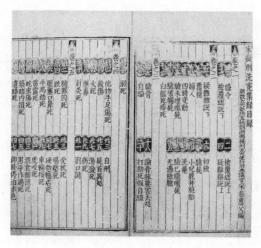

图 47 清代刊本《洗冤集录》书影

徽宗时医生杨介根据泗州死刑犯人尸体的解剖绘制《存真图》，对人体内脏构成以及消化、泌尿、生殖三大系统的状态进行了描述，长期为元、明医学著作所引用。

南宋时期还出现了世界上第一部法医学专著《洗冤集录》（图47）。其作者宋慈，曾长期在地方主管刑狱，积累了不少工作经验，他总结前人的有关论述，于理宗淳祐七年（1247）刊行此书，共5卷。书中内容涵盖广泛，包括人体解剖、检验尸体、检查现场、鉴定死伤原因、自杀及谋杀各种表现等等，涉及解剖、生理、病理、药理、诊断、治疗、急救、内科、外科、妇科、儿科、骨科诸多方面的知识，总结了不少重要的法医经验。例如，书中强调了区分尸斑与生前伤害的不同，并且分析了尸斑的发生机制。对多种机械性死伤原因，分别指出了它们一些不为人注意的特征，可借以区别勒死与自缢、溺死与推尸入水、烧死与推尸入火等易被混淆的现象。在骨质损伤的检查方面，提出用红色雨伞滤光检验，可以看出生前或死后骨折的差异。《洗冤集录》问世后，因其具有重大应用价值，得到社会上长期而广泛的重视，"官司检验，奉为金科玉律"。元明清诸朝有不少人对此书进行增补、注释，并且流传到国外，被译成英、法、德、荷、俄、日等多种文字，成为世界法医史上的经典著作。

（五）金、元四大家及其医学流派

随着医学分科的逐渐细致和临床经验的不断总结，中医理论也获得了较大进步。特别是在金、元两朝，出现了以刘完素、张从正、李杲、朱震亨为代表的四大医学流派。他们都具有丰富的临床实践经验和渊博的理论知识，各自从不同角度继承并发展了传统中医学说，被后人尊为"金、元医学四大家"。

刘完素，金代前期人。著有《素问玄机原病式》、《素问病机气宜保命集》、《宣明论方》、《伤寒直格》等书。他在医学上提倡运气说，将疾病按"六气病机"分为六类，并认为"六气都从火化"，特别重视病因中的火、热因素。由此，他提出了以"降心火、益肾水"为主的一整套治疗热性病方案，对寒凉药物的应用具有独到研究，被称为"寒凉派"。

张从正，金代后期人。著有《儒门事亲》15卷。他论述病源分为风、寒、暑、湿、燥、热六门，病象又有虚、实之异。治病应先治其实，治实以"攻邪"为主，邪去而元气自复。用药方面受刘完素影响，亦主寒凉，尤其善用汗、吐、下（泻）等法以"攻邪"，不主张过分强调进补。因此被称为"攻下派"。

李杲，金、蒙之际人。曾师事金代另一位名医张元素，尽得其传。著有《内外伤辨惑论》、《脾胃论》、《兰室秘藏》等书。他认为"土为万物之母","人以胃气为本","内伤脾胃,百病由生"。倡导补中益气,升阳益胃,补脾胃以壮元气。因此被称为"补土派"。

朱震亨,元代人。为刘完素三传弟子,亦旁通张从正、李杲之学。著有《格致余论》、《局方发挥》、《丹溪心法》、《伤寒辨惑》等书。他结合前三家的医学观点,倡泄火养阴之法,认为疾病在于"阳常有余,阴常不足",创立了一些滋阴降火的方剂,以调节人体的阴阳平衡,被称为"养阴派"。

五 天文、地理与数学

(一) 天文历法

隋唐大一统王朝的建立,推动了天文学的发展。这首先表现在历法的改进上。前代所用历法,按照日、月的平均视运动计算朔望,称为平朔。实际上日、月视运动速度是不均匀的,这样就影响了朔望计算以及历法的准确性。南朝何承天首先提出计算朔望时应根据月球视运动的不均匀性加以修正,称为定朔,但未被当时人采纳。到隋代,太阳视运动的不均匀性也已被发现,定朔法的呼声更加高涨。学者刘焯制定《皇极历》,其中不仅用定朔法重定朔望,还提出"定气"法、即根据太阳视运动的不均匀性来确定二十四节气。但由于保守派的反对,《皇极历》未获行用。唐高宗时,颁行李淳风制定的《麟德历》,在《皇极历》的基础上续作改进,自此历代制历皆用定朔法。李淳风曾经制造了一台浑天黄道仪，在前代浑仪的基础上进行改进，在已有的六合仪和四游仪之间加设三辰仪，使浑仪由两重变为三重，可以直接用来观测日、月、星辰在各自轨道上的运动情况。他还著有《法象志》一书，对浑仪制造的经验进行了总结。

唐玄宗时，著名天文学家一行主持制定了《大衍历》。一行原名张遂，出家为僧，取法名一行。他在制历之前，首先进行了细致的天文观测工作，获取大量有关日、月、星辰运动的第一手资料，对许多恒星的位置进行了测定。他将新测结果与前代资料相比较，发现了恒星位置移动的现象，从而放弃了沿用数百年的二十八宿距度数据而采用实测数据，大大提高了历法的精确度。开元十二年（724），一行组织了一次大规模的天文测量。在河南地区位于同一经度上的四个主要观测点，测出各处的北极高度、夏至正午日影长度，再参考各点之间距离，发现每南北相距351里80步，北极高度相差一度。换算为现代单位，则为南北相距129.22公里，北极高度相差一度，这实际上也就是地球子午线一度的长度。自汉代以来，天文观测中一直使用一个假设：以八尺高的标杆测夏至正午日影，每南北相距千里，影长相差一寸。这一假设是主张大地呈平面的"盖天说"理论的产物，与事实不合，自南朝时起即受到怀疑。一行的大地测量推翻了这一假设。测量发现，南北距离与影差并无固定比例，而与北极高度的关系则可用常数来表示。一行测得的子午线一度的长度，与现代测量值（111.2公里）相比还有较大误差，并且一行等人尚未完全明白这一数据的价值，但它仍然是世界是第一次用科学方法得出的子午线实测结果，具有重要意义。

《大衍历》修成，共分七篇，其结构一直影响到明末。与以前的历法相比，它对太阳周年视运动速度变化的规律描述更为细致，并从数学上提出了不等间距的二次差内插法公式加以概括。在观测日月食和五星运动方面，也创立了一套计算视差影响的公式，从而可以更加准确地作出预报。这些在当时都是突出的成就。

北宋从真宗到徽宗时期，先后进行了五次比较全面的恒星观测。神宗元丰年间（1078—1085）的观测结果绘成星图，南宋时在苏州刻石立碑，至今仍存，图上共标明星位1430余颗。对这一时期恒星中爆发规模特别大、导致亮度猛增的两颗超新星，北宋天文学家也都留下了确切的记载。

宋哲宗元祐（1086—1094）时，苏颂、韩公廉等人制造了世界上第一台天文钟，称为水运仪象台。这台仪器体积巨大，高达12米，横断面呈正方形，上狭下广，共分三层，相当于一座三层楼房。它利用一套齿轮系统，在漏壶流水的推动下使仪器保持与天体运行一致的运动速度，既能演示、观测天象，又能计时、报时。屋顶可移动，与现代天文台屋顶的原理相同。计时设备中所使用的擒纵器，是近代钟表的关键部件。制造完成后，苏颂写作了《新仪象法要》一书，详载其制作方法和内部结构，并配插图60余幅，这是现存中国历史上最早的机械设计图纸。中国学者王振铎和英国学者李约瑟都曾根据《新仪象法要》一书对水运仪象台进行复制。王振铎的复制品相当于实际大小的五分之一，现陈列于中国历史博物馆。（图48）

由宋到元，陆续颁行了一些新的历法。南宋杨忠辅制定的《统天历》，确定一回归年的数值为365.2425日，与现行公历中一年的

图 48 水运仪象台模型

长度完全相同。杨忠辅还指出了回归年长度存在变化这一重要事实。元朝前期，郭守敬又主持制定《授时历》。他在制历之前，先从事改制和创造天文仪器的工作，共造出简仪、仰仪、圭表、正方案等近二十种。古代观测天象的浑仪，在长期发展过程中观测精确度逐步提高，而构造也相应地日趋复杂，也给观测带来不便。郭守敬所造简仪，既对浑仪的构造部件进行了很大简化，又进一步加大了观测、记录的精确度。仰仪是利用小孔成像原理新创的仪器，用来观测太阳位置和日月食过程。圭表在前代基础上高度增加五倍，并配置"景符"（一个固定安装并可转动、中有小孔的薄铜片）提高观测日影的

图 49 河南登封元观星台圭表

准确度。《元史·天文志》评价说:这些仪器"臻于精妙,卓见绝识,盖有古人所未及者"。

至元十六年(1279),郭守敬主持了一次比唐朝僧一行规模更大的天文测量,在元朝版图内,从北纬15度到65度,共设立27处观测台,测得各地纬度值、夏至日影长度和昼夜长短,并对一系列天文常数进行了精密测定。观测恒星近2500颗,其中1000余颗是首次测出。(图49)这样,根据大量实测资料并总结唐宋历法成就修成的《授时历》,成为中国古历的集大成之作。它废除了前代制历时所习惯前推"上元"(假想中历法的理想起点)的"上元积年法",而以颁历之年(至元十七年)冬至作为推算数据的起点。在日、月、星辰运动的测算中,采用了"招差法"和"弧矢割圆术"等先进数学手段。所用数据之精确、先进,在当时世界上遥遥领先。就中国历代历法而言,它的行用时间也是最长的。自至元十八年正式颁行后,终元一代一直行用。明太祖洪武十七年(1384),在其基础上略加修订,更名《大统历》,继续使用。直至明思宗崇祯二年(1629),才开始制定全新的《崇祯历书》。

(二)图志与制图学

隋唐时期地理学著作的主要形式为图经。图即地图,经是配合地图的文字说明。隋炀帝时,下令地方官府上报风俗、物产、地图,编成《诸郡物产土俗记》、《区宇图志》、《诸州图经集》等书。唐朝各州大都修有图经,敦煌石室曾发现《沙州图经》和《西州图经》残卷。唐宪宗时,李吉甫著《元和郡县图志》54卷,是一部全国性的图经著作。书中地图在宋朝即已亡佚,文字流传至今。其体例严谨,内容翔实,对后世全国地理志书的编纂具有重大影响。德宗时,贾耽奉命绘制了一幅大地图《海内华夷图》,以唐朝版图为中心,兼及域外,长3.3丈,宽3丈,比例尺以一寸折百里。图中以黑字标古地名,红字标当时地名,使得"今古殊文,执习简易"。这是制图学上的一项创新,为后代沿革地图所沿用。

图经著作在宋代仍有大量编著,其文字部分不断增加,地图居于附庸地位,由此逐渐过渡为地方志。但制图学本身仍然取得不少成就。宋太宗淳化四年(993)曾绘制《淳化天下图》,用绢百匹,规模壮观。西安碑林现存两宋之际伪齐政权所刻石碑地图,长、宽各

图 50 南宋《平江图》石刻拓本

约 0.77 米,正面为相当于当时世界地图的《华夷图》,背面为相当于中国地图的《禹迹图》。《华夷图》是在贾耽《海内华夷图》基础上缩制改编的。《禹迹图》则是北宋用"计里画方"之法新绘,图上存有网格,所绘海岸线、河流等都比《华夷图》更准确。有学者认为它可能出自著名科学家沈括之手。保存到今天的宋代地图还有北宋末年在四川刻石的《九域守令图》、南宋时期在苏州刻石的《地理图》、《平江图》等。(图 50)南宋初年杨甲编绘并刊印《六经图》,其中收有一幅《地理之图》,是现存最早的印刷地图。

元朝中期,地理学家朱思本穷十年之力,绘成《舆地图》。这张地图既总结了唐宋地图绘制的成就，又大量融入了朱思本自己广泛实地考察所获资料。绘制时先绘好各地区分图，然后合为长宽各7尺的总图。《舆地图》的精确度达到了较高水平，其内容基本为明清两代绘制全国地图所继承。元朝后期，李泽民绘有《声教广被图》，僧人清濬绘有《混一疆理图》，则是在朱思本《舆地图》基础上增广绘制的世界地图。元朝的这三张地图，原图均已失传。《舆地图》的基本内容保留在明代罗洪先绘制的《广舆图》内。《声教广被图》和《混一疆理图》则在15世纪初被朝鲜人合并绘成《混一疆理历代国都之图》，其摹本现在保存在日本龙谷大学图书馆。

（三）宋元数学四大家

宋元时期是中国古代数学发展的高峰，出现了不少名家、名著。南宋人秦九韶著有《数术九章》，杨辉著有《详解九章算法》、《日用算法》、《杨辉算法》，金元之际人李冶著有《测圆海镜》、《益古演段》，元人朱世杰著有《四元玉鉴》、《算学启蒙》。这四人被后世并尊为"宋元数学四大家"。以"四大家"为代表的宋元数学成就，最主要地表现在以下方面：

首先是高次方程的数值解法。北宋数学家贾宪创立了"开方（解方程式）作法本源图"，用一张三角形图表排列了各高次方展开式的各项系数，并指出求得这些系数的方法。朱世杰在《四元玉鉴》里，已将它推广到八次方。这一三角图形在欧洲直到16世纪才被发现，称为"巴斯加三角"。贾宪求得有关系数的方法，叫做"增乘开方法"。另一位数学家刘益将其发展为"正负开方术"，秦九韶则由此进一步推演出对任意高次方程的数值解法,与现代求数学方程正根的方法基本一致。这种方法的发现,也早于西方600余年。

其次是天元术和四元术。天元术是一种列方程的方法。它提出"立天元一为某某",实际上就相当于现代方程"设X为某某"。随后根据问题所给出的条件列出两个相等的多项式,二者相减最终得出一端为零的方程。李冶的两部著作对这种方法进行了系统叙述。到朱世杰,则将天元术的一元高次方程式扩充为多元高次联立方程组,称"四元术"。解方程组时采用消去法,如将四元消去一元为三元,如此递减至一元方程式,然后解之。这也是现代数学所用的方法。

再次是高阶等差级数。杨辉在北宋沈括的基础上详尽论述了"垛积术"问题。"垛积"即堆垛求积之意。堆垛现象往往呈高阶等差数列,因而垛积术指的就是高阶等差级数求和的方法。高阶等差级数问题运用到天文历法领域,形成相当于现代数学中高次内插法的招差术。朱世杰对垛积、招差问题进行了总结性研究,得出高次招差的一般公式,与17世纪英国大科学家牛顿得出的公式完全一致。

最后是大衍求一术。这是中国古代求解联立一次同余式方法的发展。联立一次同余式问题最早见于东晋后期的算书《孙子算经》:"今有物不知其数,三三数之剩二,五五数之剩三,七七数之剩二,问物几何?"答案为二十三。秦九韶在《数术九章》中将这个问题的解法进一步推广,应用于更为复杂的问题,有关数据不再像三、五、七那样简单,而可能是大数、分数或小数。对此他都可以用相同的计算方法加以解决,步骤正确而严密。500余年之后,欧洲数学家才对这类问题进行比较深入的探讨。

(四) 大科学家沈括与科学观念的进步

宋元时期,科学技术的成就不仅表现在各专业领域,更值得注意的是涌现出一些全面发展的大科学家。如上文提到的北宋苏颂、元代郭守敬,其业绩都是多方面的。二人不仅精于天文学、机械制造学,同时也都是水利工程学专家。另外苏颂还长于医学,郭守敬长于数学、地理学。与郭守敬同时代的理学家许衡对他非常推崇,说:"天佑我元,似此人世岂易得?"北宋的沈括,尤其是综合性科学家的代表。

沈括(1031—1095),字存中,钱塘(今浙江杭州)人,官至翰林学士、权三司使。《宋史》本传说他"博学善文,于天文、方志、律历、音乐、医药、卜算无所不通,皆有所论著"。沈括的代表著作是笔记体裁的《梦溪笔谈》,全书609条,其中属于科学技术方面内容的有255条,占五分之二强。北宋时期的许多科技成果,如活字印刷、指南针应用等,均借助《笔谈》一书的记述得以流传后世。沈括本人的科研创获也大部分反映在《笔谈》里,表现出他渊博的学识。

在数学方面,沈括对高阶等差级数求和的"隙积术"(即上文提到的"堆垛术")以及从弓形圆径、矢高推求其弧长的"会圆术"进行了开创性的研究。天文历法方面,他改进了浑仪、浮漏、影表等仪器的制造方法,测出了北极星与天北极的距离,创制了以十二节气定月的阳历《十二气历》。物理学方面,他对凹面镜成像、声音共振现象进行了研究,并首先揭示出地磁偏角的存在。测量、制图学方面,他绘制了全国地图《守令图》,试验了实测不同地点水平高低的水准测量法,首创了立体地形模型。地质学方面,论述了流水侵蚀、泥沙冲积对地质构造的影响。矿物学方面,预言了石油的重要使用价值,揭示了地下水含有矿物质的事实。药物学方面,曾编辑医方15卷,对许多药物的名称异同作出了新的考辨。余如气象学、物候学、工程技术等方面,沈括也都有很深的造诣。近代史学家张荫麟曾说:

> 予近搜集沈氏传记材料,乃知斯人之伟大实远过其名。(沈)括不独包办当时朝廷中之科学事业,如修历法、改良观象仪器、兴水利、制地图、监造军器等,不独于天学、地学、数学、医学、音乐学、物理学各有创获,不独以文学著称于时,且于吏治、外交及军事,皆能运用其科学家之头脑,而建非常之绩。

著名科学家竺可桢,则高度评价沈括是"能以近世之科学精神治科学者","足为中国学术增光"。中国科技史专家、英国的李约瑟博士也盛赞沈括是"中国整部科学史中最卓越的人物",其代表作《梦溪笔谈》是"中国科学史的里程碑"。

沈括一类综合性科学家的出现并不是完全偶然的。史料表明,在大量科学观察、实践的基础上,隋唐宋元的科学观念有重要的进步。这种从科学观念上对具体例证的归纳、概括和理论总结,正是诞生综合性科学家的重要背景。

《旧唐书·天文志》记载僧一行天文测量的经验说:"古人所以恃勾股之术,谓其有征于近事。顾未知目视不能远,浸成微分之差。其差不已,遂与术错。"意思就是,人们在很小的有限空间范围条件下得出的正确科学理论,不能不加分析地任意向大范围甚至无限的空间推演。这一观念具有重要的认识论意义。元人邓牧在《伯牙琴》一书中指出:"天地大也,其在虚空中不过一粟耳。虚空,木也,天地犹果也。虚空,国也,天地犹人也。一木所生,必非一果;一国所生,必非一人。谓天地之外无复天地,岂通论耶?"这是继汉代"宣夜说"、三国杨泉《物理论》之后,又一次非常明确地提出宇宙无限论的思想。

地理方面,唐朝后期的颜真卿在抚州南城县(今属江西)麻姑山发现了一些夹在地层中的螺蚌壳化石,由此分析认为,这里就是"沧海桑田"的例证,山体是地壳抬升所形成的。沈括也在太行山见到类似的海洋生物化石,因而指出:太行山虽然现在距海将近千里,但在远古本来是海滨。太行山以东的"大陆","皆淤泥所湮耳"。他进一步解释说:华北地区黄河、漳水、滹沱河、涿水、桑干河这些东行入海的河流,都是含有大量泥沙的浑水,"其泥岁东流,皆为大陆之土,此理必然"。他的话正确地解释了华北平原的成因,更加充分地阐述了海陆变迁理论。

数学家们在研究具体数学问题的同时,也力图阐明数学研究的认识论价值。秦九韶说:"数与道,非二本也。"李冶则更明确地宣称:"谓数为难穷,斯可;谓数为不可穷,斯不可。何则? 彼其冥冥之中，固有昭昭者存。夫昭昭者，其自然之数也。非自然之数，其自然之理也。"正是这种"求道"、探索"自然之理"的自觉意识，推动着他们获得了辉煌夺目的科学成就。

第五章 社会生活

一 衣食住行

（一）服饰

　　服饰最基本的区别是男服和女服。就穿戴部位而言，可分为头衣、体衣和足衣，以及佩戴的饰物。

　　男子的头衣，在古代主要为冠和巾。到隋唐，冠通常只在一些正式礼仪场合戴用，且主要限于社会上层，与日常生活的关系已经比较疏远。这一时期最流行的头衣是幞头。幞头是由巾演变而来的，四角有带，戴时两脚系结于头前，两脚系垂于脑后。后来又先以巾

图 51 宋太祖戴幞头画像

裹住发髻,外面再套幞头,或内以木、藤等物为胎,外以幞头束裹,这样幞头变得更加直立,形状也更趋多样化。宋代的幞头已基本脱离巾帕的形式,其制作、修理更趋复杂,有比较坚固的内胎,实际上成了一种有特定形状的帽子。皇帝、官员所戴幞头,皆为方顶,去前两脚不用,后两脚则附以铁丝或竹篾为骨,向两侧直线延伸,称为"硬脚幞头"。(图51)幞头多用青黑色的纱制成,因此逐渐有"乌纱帽"的俗称。明朝幞头一名已经趋于消失,"乌纱帽"只限于官员戴用,成为官帽的正式名称。明代乌纱帽与宋代幞头不同之处,一是基本为圆顶,二是两脚收短而变宽,在两侧形成长方形的帽翅。(图52)皇帝也戴乌纱帽,不过将帽翅折而上立,竖于帽后,以与臣下相区别。

幞头之外,以藤、皮、纱等物制造的一般帽子在社会上也很普遍。平民百姓往往简单以巾裹头,士大夫平时戴巾,又折出各种式

图 52 明代乌纱帽

样。由于帽、巾并非官服,所以其形制变化多端,不像幞头的变化那样有线索可循。元代蒙古贵族喜欢戴圆形、有帽檐的笠帽,对汉族社会也有一定影响。明朝人平常戴的帽子多为圆形、无帽檐,也就是后来俗称的"瓜皮帽"。这种帽子用六片布帛缝制而成,时称"六合一统帽",据称出自明太祖朱元璋创制。明朝还流行用网罩束裹发髻,称网巾。士人则通常佩戴一种四角方巾,称"四方平定巾"。这两种巾都是明朝初年由朝廷向全国统一推广的。

体衣是服饰的主要部分,士大夫的体衣又以袍或衫为主要部分。袍、衫为圆领或交领,其长过膝,衣襟在胸前相交,腰间系带。袍衫里面穿内衣和裤子。下层人民因劳动需要,通常穿较短的上衣,与下身的裤子搭配。史料当中对官员的袍衫记载较多,因为它牵涉到官员的服色等级,有一套相应的制度。

官员袍衫有礼服、常服的区别。礼服主要用于祭祀、朝会等重大典礼场合,装束较为正规,并且比较多地保存着古代仪制。然而平时办公、外出之时,官员所穿均为常服。作为礼仪服饰,礼服自然有着严格的品级规定。但即使是官员日常穿着的常服，也同样是等级森严、不容逾越的。唐代规定，官员常服根据其品级的不同，分为不同颜色。三品以上服紫，四、五品服绯（朱红），六、七品服绿，八、九品服青。这里的"品"是指散官。白居易《琵琶行》中有"江州司马青衫湿"的诗句，当时他担任的职事官"江州司马"为从五品下，散官"将仕郎"却只有从九品下，所穿"青衫"即与他的散官品级相合。北宋神宗时，对上述服色进行了调整，改为四品以上服紫，五、六品服绯，七、八、九品服绿，去青不用。到元朝，又变为五品以上服紫，六、七品服绯，八、九品服绿。明代官服改用绯、青、绿三色，四品以上服绯，五、六、七品服青，八、九品服绿。明代官服的前胸后背还绣有特定的方形纹饰，称为"补子"。"补子"皆用动物图案，不同动物代表不同的品级。文官一至九品，分别绣以仙鹤、锦鸡、孔雀、云雁等9种禽鸟；武官一至九品，分别绣以狮、虎、豹、熊等7种兽类。

官员袍衫除了依品级高低颜色不同外，还有与各自品级相对应的腰带。腰带通常为皮制，它的品级差别主要表现在所附方形带饰上，这种方形带饰称为銙。唐代规定，三品以上官腰带有十三銙，銙用金和玉制成；四品十一銙，五品十銙，并用金；六、七品九銙，用银；八、九品八銙，用鍮石（黄铜）。宋以下，又出现用犀角制成的带銙。元代制度，品官腰带皆为八銙，一品用玉，二品用花犀，三、四品用黄金，五至九品用乌犀。

唐代高级官员又有一种重要佩饰，即鱼袋。鱼袋是用来盛装鱼符的，鱼符为铜质，上面刻着官员的官职，是一种证明身份的信牌。

鱼袋的装饰与官员的常服服色相对应，服紫者用金鱼袋，服绯者用银鱼袋。服绿、服青者级别较低，不佩鱼袋。金、银鱼袋因而逐渐成为官员常服中紫服、绯服组成的一部分，合称"章服"。宋代已不使用鱼符，但鱼袋仍然保存，成为一种纯粹的装饰和身份标志，"赐紫金鱼袋"或"赐绯银鱼袋"均见于官员在正式场合下书写的头衔。例如司马光主编《资治通鉴》，第一卷开端署衔即为"朝散大夫、右谏议大夫、权御史中丞、充理检使、上护军、赐紫金鱼袋臣司马光奉敕编集"。宋以后，鱼袋之制不再行用。

历代王朝也企图对一般百姓的服色进行规范。隋朝规定士卒要穿黄袍，屠夫、商人穿黑袍。唐代士卒改穿黑衣，平民穿白衣或黄衣。宋代禁止民间服紫，又不准穿"黑褐地白花"的衣服以及"蓝、黄、紫地撮晕花样"。明初规定，平民不许服黄色，衣服质料不准使用锦、绮、绫罗、纻丝等高级丝织品。但随着时间推移，民间总会出现服色"僭越"的情况，有关禁令很难严格执行。

足衣即鞋袜，这方面变化不大。值得一提的是靴比汉魏六朝更加流行，这主要是受了北方游牧民族的影响。

与男服相比，妇女服饰的式样、花色更加丰富多彩，受等级制度的约束也少一些。上层妇女的基本服装为上穿衫或襦，下着长裙，肩背披帛。衫或襦在隋和唐前期的样式特点是短小，窄袖，领口很低；裙则瘦长而束胸很高，裙上饰褶或以颜色间隔排列。唐中叶以后，衫、襦和裙都变得比较宽大。由于织染技术进步，可以使用大朵花纹、多彩晕色的织物制造女装，不需要像以前那样以多种颜色的布帛间隔拼接以求美观。隋和唐前期，妇女外出都戴一种称作"幂

176 | 辉煌与成熟

图53 唐代郑仁泰墓戴帷帽骑马女俑

离"的巾帽，以轻纱制成，由头顶披体而下，障蔽全身。后来改戴仅垂至颈部的帷帽，或者戴"靓妆露面"、不加障蔽的胡帽。(图53)盛唐时期，一些贵族妇女还喜欢穿着男服，女扮男妆成为一时风尚。

妇女头发的装饰也很复杂，有各种各样的发髻式样，总的来说唐宋时期比较流行高髻，甚至专门用假发制作高耸的发髻。发髻上插钗、簪、梳等首饰，或者戴精致的珠翠花冠。元代蒙古族已婚妇女通常戴一种"罟罟"冠，高达两尺以上，以树皮或竹篾为骨，饰以锦帛珠宝等物。妇女的面妆，除施以脂粉外，还使用额黄、画眉、花钿、面靥、点唇等多种妆饰。自五代时起，妇女缠足之风开始流行，因此出现了专供缠足妇女使用的"弓鞋"。

(二) 饮食

食物有主食、副食之分。北方的主要粮食作物是麦和粟，南方则为稻。将粮食尤其是粟和稻脱壳取粒，煮饭或煮粥，仍然是这一时期主食的主要品种。同时，随着麦类作物产量的增加和面粉加工工具的发展、推广，将麦类磨面制成的各种面食，也已成为平民百姓的日常食物。面食多称为饼。其中蒸制者称为蒸饼，相当于今天的馒头。北宋时，因避宋仁宗赵祯音讳，改称蒸饼为炊饼。《水浒传》中的武大郎，就以卖炊饼为生。史料中也经常提到"馒头"，但这段时期的馒头基本上都是带馅的，类似于今天的包子。在水中煮食的面食则称为汤饼，其中包括了今天的面条和馄饨。将面食在炉中烤制，这种做法是从西域传入的，因而被称为胡饼，加芝麻者，称为胡麻饼。白居易曾给他一位姓杨的朋友寄赠自制的胡麻饼，并附诗说:"胡麻饼样学京都,面脆油香新出炉。寄于饥馋杨大使,尝看得似辅兴无?""辅兴"是唐代长安城内一个坊的名字,那里制造的胡麻饼非常有名。

豆类在上古属于主食,到隋唐以下渐渐退出了主食的行列,成为副食。豆制品的制作更加复杂多样,豆豉、豆酱等都成为重要的调味品。尤其值得一提的是豆腐的出现。豆腐是中国古代的重要发明,较流行的一种说法认为它是由西汉淮南王刘安创制的。但就目前所知,豆腐一词最早见于五代时陶谷的《清异录》,此前史料中没有见到豆腐的记载,考古方面也没有相关发现。大致可以推断,豆腐在唐代应当已经出现,五代时始见于史料记载。到宋元,已成为非常普及的菜肴原料。

副食中的肉类,以羊肉最受重视。秦汉时期,猪肉在肉食结构中还占有主要地位,但到魏晋以下,猪的饲养和食用规模明显落到羊的后面。这应当与草原游牧民族入主中原的影响有关,另外魏晋以下的中医饮食理论特别强调吃猪肉的副作用,认为会"闭血脉,弱筋骨,虚人肌",也导致了猪肉地位的下降。以唐代为例,《唐六典》记载朝廷向亲王和高级官员发放食用肉料,即以羊肉为主,猪肉很少。宋代御厨用肉几乎全是羊肉,猪肉无足轻重。据宋神宗时的数字,御厨支出一年所用羊肉高达43.4万余斤,猪肉仅有4000斤。元代官员到南方出差,对驿站供应的食物百般挑剔,只吃羊肉,不吃猪肉,大大增加了驿站负担,以至惊动皇帝,下令禁止。当然这说的只是一般饮食习尚,对于中下层人民而言,不可能像皇帝、高官那样挑剔肉食种类,猪肉仍然是重要的选择。在北宋都城开封,每天都有数万只猪被赶进城内，宰杀后货卖。诗人苏轼对当时贵羊贱猪的习俗不以为然，在贬居黄州（今湖北黄冈）时写了《猪肉颂》，称"黄州好猪肉，价贱如泥土，贵者不肯吃，贫者不解煮"。因此他发明了将猪肉微火炖煨的烹调法，后人命名为"东坡肉"。其余肉食中，因为牛有耕田之用，各朝都有禁止杀牛的命令，因此吃牛肉的场合很少。至于鸡鸭等家禽、鱼虾等水产品，因易养或易捕，历来也都是比较大众化的肉食。

蔬菜、水果方面，种类繁多，不胜枚举。值得一提的是这段时期新出现或引进的一些蔬果品种，例如唐代出现的莴苣，辽金出现的西瓜，以及元代出现的胡萝卜、回回葱（洋葱）和频婆果（苹果）。另外，唐代从印度引进了制造蔗糖的方法，对食物加工、调味技术有新的促进。

随着城市商品经济的发展，饮食服务业在城市中十分发达。唐代城市中虽坊、市分隔，但经营饮食业的店铺却不仅局限在市的范围内，在许多坊里也有开设。经营的饮食品种丰富多样，有的店铺还可以提供较大规模的筵席，三五百人参加的宴会，顷刻间即能准备就绪。宋代的城市饮食服务业更加繁荣。从食物特色上区分，有北方、南方、四川等不同风味；从服务对象、服务精细程度上区分，有高级酒楼、一般饮食店和流动饮食摊等级别；从经营所有制上区分，又有官办、私营和寺院经营等类型。南宋人吴自牧在他写的《梦粱录》里列举了当时杭州饮食业的主要菜肴品种，多达335款；还有市面上常见的糕点小吃种类，也有70余种之多。

以上主要是饮食中食的部分。至于饮料，最主要的有三类：酒、茶和汤。

酒根据酿制原料的不同，有米酒、果酒之分。米酒是最常见的酒，一般呈黄色或白色，俗称黄酒、白酒。这里的白酒概念与今天的白酒不同。在酒里加入不同药材，则可配成各种类型的滋补酒或药用酒。果酒中，以葡萄酒最为知名。葡萄酒在中国出现很早，但直到唐代才真正流行起来。唐诗中提到葡萄酒的诗句很多，后来金代文学家元好问还专门写过《蒲桃（即葡萄）酒赋》。其余种类的果酒，有椰子酒、石榴酒、荔枝酒等。除米酒、果酒外，元朝受蒙古族统治的影响，还酿造另外一种特色酒，即用马奶发酵制成的马奶酒。在宫廷宴会和皇家祭祀活动中，马奶酒的消费量都十分巨大。

上面所说的米酒、果酒和马奶酒，都是酒精成分比较低的发酵酿制酒，酒精度一般都在20度以下。要想造出相当于今天的白酒那样的烈质酒，必须采用蒸馏的方法。中国古代什么时候开始有蒸馏酒，说法不一。目前可以肯定的是，蒸馏酒在元代已经出现。（图54）元代文献称蒸馏酒为"阿剌吉"，此词出自阿拉伯语，意思是汗、出汗，在这里用以形容蒸馏时容器壁上凝结的水珠。元人对"阿剌吉"的描述，称其"用器烧酒之精液取之"，"酒极浓烈，其清如水"，其酿造原料既可用谷物，又可用果实。照元人的说法，阿剌吉是由西域传入的，并非中国原有。因此明代李时珍说："烧酒非古法也，自元时始创其法。"但考古工作者已经发现了宋、金对峙时期的铜制蒸馏器，还有学者在宋代乃至唐代文献中找到一些疑似蒸馏酒的材料。大概中国古代原有自己的蒸馏器，如道士炼丹等活动，可能需要采用蒸馏技术，或许导致了蒸馏酒的出现。但总的来说，元以前蒸馏

图 54 元代酒具

酒的传播和影响还比较有限，到元朝，随着阿拉伯蒸馏器和蒸馏技术的传入，高度数蒸馏酒的生产才渐具规模，深刻地改变了中国人的饮酒习惯。

　　茶的饮用在中国开始很早，但直到唐代才真正在全国范围内广泛流行。当时人说"茶为食物，无异米盐"。8世纪后半叶，陆羽撰写了关于茶的专门著作《茶经》，内容涉及茶的生产、加工、煎煮、饮用、相关器具及有关典故传说等，对饮茶习俗的发展起到巨大的作用。后来他被尊奉为"茶神"。在陆羽以前，饮茶的主要方式是将茶叶放在釜中煮沸，并且加入葱、姜、枣、橘皮、茱萸、薄荷等各种调料，制成粥茶或药茶。陆羽以后，这种饮法逐渐废止。《茶经》记载的饮茶方式，则是先将茶叶加工为饼茶，再加煎煮。加工饼茶的方法，分为采、蒸、捣、拍、焙、穿、封7个步骤。茶叶采摘后

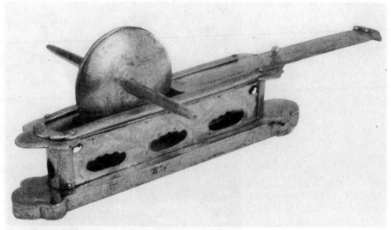

图 55 唐代茶碾

先蒸去草青气味，再捣成糊状茶膏，放入模具拍压成饼形，去模将茶饼烘焙使干，最后穿起来加以封存。饮茶时，将茶饼碾碎成末，炉上置茶釜煮水，水沸后投入茶末，稍加搅动，酌入碗中饮用，是为煮茶。到晚唐，又出现一种称为"点茶"的饮法，置茶末于茶盏，再持瓶向盏中注沸水冲茶，类似于今天的沏茶。（图55）

《茶经》称饮茶时要"调之以盐"，到宋代则彻底摆脱了添加调味品的做法，避免对茶叶本身香味的破坏。宋人制作茶饼的方法大体与唐代类似，而尤为精细，一些制造精良的极品茶饼，一饼数万钱，可称天价。饮茶主要采用点茶饮法，点茶时的技术和手感十分讲究，发展为一种专门技艺，称"分茶"。向茶盏中注入沸水的同时，用茶筅（一种竹制小刷）搅动逐渐融成膏状的茶末，使水、茶彼此交融，并使泛在水面上的汤花形成各种图案。分茶过程中，注水的缓急和水量、落水点的变化、搅动茶膏的力度和手法，都影响到汤花的大小、多少以及图案形状,由此判定技艺高下。分茶的高手可以使汤花呈现出禽兽虫鱼花草等复杂形状,甚至还能形成文字,连成诗句。点茶或分茶技艺的比赛,则称为斗茶,是当时一种常见的社交娱乐活动。唐后期到宋代,饮茶不仅属于饮食生活,实际上也发展成为重要的文化生活。

  元代的饮茶习俗基本继承宋代,但饮用的茶除茶饼外,散形的叶茶又重新流行起来。此时饮用叶茶,并非像唐以前那样加调料直接煎煮,而是对采摘下来的茶先进行一道蒸或炒的工序,再投入沸水煎煮。这样能够除去草青气味,保留茶的清香味道。与制作茶饼相比,这样的叶茶加工较为简单,成本较低,茶香却更为纯正。到明代,又出现以沸水直接冲泡叶茶的方式,成为以后直至今天最常见的饮茶方法。

  汤的本义是沸水,在宋元时期也用来特指用药物、果品或香料冲制的饮料。根据用料、配方不同,冲饮后产生不同的口味,并且起到滋补、防病的作用。宋元文献中提到汤的种类,不下百种。市井的许多茶坊中,同时也出售汤。民间习俗,客人登门后上茶,离去前上汤,因此上汤往往意味着逐客。元杂剧中,对这种习俗有不少描述。

(三) 居住

  隋唐宋元时期的住宅样式,与过去相比变化不大。城市住宅的格局基本上是合院形式,坐北朝南,其平面布局明显以中轴线为中心,左右对称。中轴线上通常依次为大门、前院、中堂和后院,左右两侧对称分布厢房和廊屋。大门之内，先有影壁遮挡，绕过影壁才能进入前院。中堂位于院落的核心部位，是主人日常活动和待客之所。后院是家人居住的地方，两侧的厢房和廊屋则供仆从或客人居住，还包括马厩和厨房。西安中堡村唐墓和山西长治唐墓出土的住宅模型，即为这一类狭长的合院。占地面积较大的贵族、官僚宅院，通常由若干院落组成，每一院落基本上仍是合院布局。唐代城市中实行封闭的坊制，居民住宅位于坊内，坊与坊之间有高墙相隔，坊门定期开闭。宋代打破了坊的分隔，城市民居分布比较自由，排列也更加紧密。张择端《清明上河图》中绘出了北宋都城汴京中鳞次栉比、大小不一的城市住宅。乡村住宅的房屋布局更加随意一些，可以较多利用树木花草来美化环境，一般也都以院墙或篱笆环绕。

房屋的建筑材料，主要用木材作为构架，用砖瓦或泥土、茅草建造墙壁和房顶。砖瓦制造业在唐宋时期有较大进步，北宋李诫《营造法式》记载的砖型有13种，瓦则分为筒瓦、板瓦两种类型，筒瓦有6种，板瓦有7种。南方产竹之区，用竹子营造房屋，称为竹楼，廉价而省工。房顶用料最能反映房屋的档次，高档房屋多用彩色的琉璃瓦，次者用一般的青瓦、素瓦，穷人通常就只能使用茅草了。北宋人刘挚诗云："苟能适意茅檐足，何必鸳鸯碧瓦筒，"说的就是两种不同档次的住宅。杜甫寄居成都时，住在茅屋之中，写出了著名的《茅屋为秋风所破歌》。不过在不少城镇，地方官员发展砖瓦业，推动居民改茅屋为瓦屋，以防范火灾，也收到一定的成效。

人们的居住条件，因政治、经济地位的不同而有很大差别。按照唐代法律，王公贵族、各级官员下至平民，其住宅的间数、大小、样式以及装饰都有严格的等级区分。营建住宅违反了等级规定的，要受到杖一百的处罚。宋代大体沿袭了相关制度。但随着社会经济的发展，有钱有势的官僚、富豪追求享受，"住宅逾制"日益成为比较常见的现象，朝廷的有关禁令很难得到严格执行。唐朝后期大将马璘在长安建造宅第，"重价募天下巧工营缮，屋宇宏丽，冠绝当时"，宅中的中堂耗资20万贯，尤以豪华著称。马璘死后，不少长安人假冒他的老部下，以吊唁为名，前去参观这所中堂，后来皇帝下令予以拆毁。北宋开国功臣赵普在洛阳的住宅，外门看上去十分俭朴，实则内部结构复杂，装饰华丽，耗费大量木材，以致当地连修建皇宫所需木材都无法保证。皇帝专门下令，等赵普修宅完毕，再行上供。而对于下层劳动人民来说，根本没有力量营造高标准的住宅，也用不着朝廷在制度上加以种种限制。

官僚和富豪在住宅以外，许多还建有私人园林。一类园林即与城中住宅毗邻而建，另一类则位于城外，属于主人的别墅。唐代最著名的别墅是唐朝后期名相李德裕的平泉庄，位于洛阳城外三十里。园中"卉木台榭，若造仙府"，从全国搜集各种奇花、异竹、珍木、怪石，精心设计了包括山石、亭台、竹木、飞泉在内的大小数十景。李德裕还专门将园中用料的产地和来历撰文刻石，要求子孙善加保管，不得毁卖。北宋李格非著有《洛阳名园记》，记载洛阳一带的著名园林19处，皆精心构筑，各具胜境。就连其中公认最为简朴的司马光"独乐园"，也包括了"读书堂"、"弄水轩"、"钓鱼庵"、"种竹斋"、"采药圃"、"浇花亭"、"见山台"等多种景致。南方园林以苏、杭地区为主，更加注重利用当地优美的自然、生态环境因景建造，著

图 56 《韩熙载夜宴图》局部

名的有韩侂胄的"南园"、贾似道的"后乐园"、"养乐园"等。

  这一时期，人们的室内起居生活发生了一些重要变化。上古以来，人们在室内的坐姿是席地而坐，所用床、榻、几、案等家具都比较矮小。魏晋南北朝时期，供单人垂脚而坐的折叠凳和椅子开始出现。前者称为胡床或交床，可以折叠合拢，便于搬动携带。后者称为绳床，有靠背和扶手，结构更加复杂一些。它们大约都是由西域传入的，其中绳床很可能是受印度影响，首先在寺院中使用，后来渐及俗世。到唐代，胡床和绳床的使用逐渐增多，绳床因可靠倚，又被称为"倚子"。唐朝中期的墓葬壁画中，发现过靠背坐椅的图像。从南唐顾闳中的名画《韩熙载夜宴图》（图 56）来看，当时的贵族家庭中显然已在使用靠背坐椅。宋代"椅子"一名正式出现,到南宋,椅子完全取代了席地而坐的习俗。椅子的逐渐普及,导致了室内起居生活的许多改变。家具由低矮向高发展,桌子出现并普遍使用。房屋陈设、饮食器皿乃至许多生活习惯,都因之而发生变化。因此有人将其称之为"室内革命"。

室内陈设方面,屏风的使用值得注意。它既可以起遮蔽和挡风作用,又可以将室内空间按需要进行分割,还可以在上面进行书法绘画,装点居室环境。(图57)折叠式的屏风比较流行,另外在造纸技术发展的基础上,屏风的制作可以以木为骨,以纸为面。豪华的屏风则用琉璃制造。南唐后主李煜召冯延巳论事,冯延巳看到一位穿青红锦袍的宫女挡在门口,因而不敢入内,后来才知道这是琉璃屏风上的人物肖像画,出自著名画家董源的手笔。此外,直接在屋内悬挂书画挂轴,也很常见。甚至北宋汴京的熟食店,也在店内张挂名画,用以营造氛围,招徕顾客。

各少数民族的居住习俗多与汉族不同,尤以北方游牧民族为最。隋唐时期的突厥和回鹘、辽代契丹,元代蒙古,所住均为毡帐。毡帐一般为圆形,用柳枝扎成骨架,外部覆以毛毡,顶上留有天窗。为适应游牧生活的需要,毡帐都是可以移动的。较小的毡帐可以卷舒收放,便于拆卸运输,大一点的毡帐不能卷舒,必须用车整体搬运。蒙古大汗、元代皇帝及其后妃居住的毡帐,称为"斡耳朵",汉译"宫帐"。斡耳朵比一般牧民的毡帐大得多。据出使蒙古汗廷的欧洲使节记载,蒙古人可以将直径达到30英尺的宫帐放在车上搬迁,车宽20英尺,车上的宫帐两边都超出车轮5英尺。这样的车要用22头牛拉

图 57 五代周文矩《重屏会棋图》

动。还有固定不动的斡耳朵,规模就更大了。窝阔台汗曾在漠北建造一所黄色大帐,名为"昔剌斡耳朵","昔剌"是蒙古语黄色之意。其中可容纳一二千人,这样的大帐无法搬迁,因此就是固定的,永不拆卸。元世祖忽必烈虽在汉地即位,建立了中原模式的宫殿,但仍然同时建造宫帐。他仿照漠北旧制,在上都(今内蒙古正蓝旗)西面的草原上搭建了一所容积更大的"昔剌斡耳朵",可以容纳数千人。周围还配套搭建了一些较小的宫帐,它们与"昔剌斡耳朵"都是固定的,形成一个独具特色的圆形建筑群。

(四)出行

隋唐宋元时期的出行条件比过去有了较大改善,这主要表现在水陆交通线的开辟上。这方面的具体情况,前文第二章"交通"一节已经述及。

陆路的核心是驿道。据学者估计，唐代驿道干线的总长度可能达到 6 至 7 万里。此外，还有不少未设馆驿的官路，以及民间开辟的私路。道路的宽度和建筑质量因地而异。唐长安城内的主要干道朱雀大街，宽达 150 米。平康坊和宣阳坊之间的东西向街道，经发掘得知其宽度大约为 29 米。城外的普通道路，应当更窄一些。除宫内和个别特殊地方有砖道外，一般的道路都是土路。修路时先挖去浮土，夯实路面，铺施石子瓦砾，最上面再铺以路土。唐代城外的官道，每隔五里置一个方锥形土堆，隔十里置两个土堆，称"里隔柱"，用以标识里程。宋代这样的标志称堠子，上面插木牌或置石刻字。堠子分里堠、界堠，里堠一般为 5 里、10 里立一堠，界堠则是国界和州界、县界的标识。国家法律中对交通管理有专门的条款。按唐代制度，如果在城内街巷以及人多的地方无故驾驶车马奔驰，即予以笞 50 的处罚。进入城门要从左边行走，出城门则由右边行走。在路上对面相遇时，"贱避贵，少避老，轻避重，去避来"。这些规定在宋代依然实行，地方官府还将它们刻在官道的石堠上。陕西略阳县即曾发现南宋淳熙八年(1181)刻制的交通规则石碑《仪制令》。道路的维修也受到重视。宋仁宗时，由于河北地区连年大雨，冲坏道路，因而特别下诏，要求在官路两旁开挖宽 5 尺、深 7 尺的排水沟。历朝都禁止砍伐道路两旁的树木，没有树木的地方要夹道栽种。元代规定，各地官府每年都要在九月对当地道路进行维修。

水路包括天然水道和人工开凿的运河。许多地方的水路交通线也存在维修的问题，特别是一些小河流和运河，可能会出现泥沙填淤的情况，需要官府定期疏浚。为满足较大船只停泊的需要，还需要修建

图58 西安隋代灞桥遗址

码头或避风港。陆路、水路的交汇处,有桥梁和渡口沟通。(图58)官府通常在这些地方设有关卡,盘查行人,并征收过桥和摆渡的费用。宋代往往将渡口管理工作承包给私人,称为"买扑"。买扑者向行人收费,每年按定额将收费所得的一部分缴纳给官府。

　　隋以前,社会上层人士出行的主要方式是驾车。秦汉以马车为主,魏晋六朝流行牛车。自唐以下,驾车出行方式基本上只限于皇室、贵族、官僚在某些重大礼仪场合使用,车的大小、形制有明确的等级区分,名目繁多。皇帝用车主要有五种,称为"五辂",包括玉辂、金辂、象辂、革辂、木辂,均驾六马,但车的装潢、颜色和纹饰各不相同。皇太子用车有金辂、轺车、四望车三种。陕西乾县发掘的唐懿德太子李重润墓，墓道壁画所绘仪仗图中，可以看到马夫牵引待发马车共3辆，即与上述3种车大体相符。魏晋六朝乘坐牛车的习俗到唐代仍有一定影响，考古发掘的唐前期品官墓葬多以牛车俑随葬，或在壁画中画有牛车。如陕西礼泉县发掘的上元二年（675）右骁卫大将军阿史那忠墓，墓道西壁绘有一头矫健的牛，驾驭高轮篷车，应是墓主出行所用。河南偃师景龙三年（709）宁州参军李嗣本墓，出土了较完整的牛车陶俑，车为卷棚式车厢，前檐刻出木栅栏，后檐右旁留门。研究者判断，这很可能就是唐代五品官乘坐的轺车。

　　不过总体来说，驾车出行的场合越来越少，甚至连皇帝出席礼仪活动都不常使用。唐高宗"不喜乘辂"，出席礼仪活动时一般都乘辇而行。唐玄宗则喜欢骑马，开元十一年南郊祭天，乘辂而往，礼仪完毕后骑马回还。此后凡遇出行，包括出席郊祀等典礼，"无远近皆骑于仪卫之内"。贵族和官员日常外出，也都是以骑马为主。唐中宗时刘知幾曾专门为此上奏，呼吁恢复乘车的古礼，未见采纳。盛唐时就连妇女也常常骑马出行。传世名画、张萱的《虢国夫人游春图》就描绘了杨贵妃之姊虢国夫人与亲眷、随从骑马出外游玩的场景。（图59）一般平民出行，则往往骑驴。乘辇或舆的情况也时有所见，皆用人力扛抬，相当于后来的轿子。皇族乘者称辇，唐殿中省设有尚辇局，专门管理皇帝用辇。唐太宗曾经坐着由宫女抬行的辇接见吐蕃使臣，被画家阎立本画为《步辇图》传世。舆以妇女、老人等乘坐为多，亦称檐子。唐代制度规定，有品级的"外命妇"（官员女眷）乘坐檐子，一、二品可用8人扛抬，三品用6人。四、五

图59 《虢国夫人游春图》局部

品用4人。宋代官员出行,通常都是骑马,年老或有病的元老大臣特许乘轿。司马光拜相后,就获准"许乘肩舆"。王安石退休后出门皆乘驴,有人劝他坐轿,他表示反对"以人代畜",严词拒绝。宋高宗时,下令允许普通官员乘轿,此后乘轿之风日益普遍。不过即使在北宋,民间"僭拟"乘轿的情况也经常出现,朝廷虽有法令限制,但执行并不严格。元代皇帝每年在大都和上都之间往来巡幸时,乘坐一种特制的"象辇",是一种用四只驯象抬架的大型木轿,非常平稳舒适。

车虽然很少作为普通代步工具使用,但作为运输工具仍然非常重要。唐代长安城道路发掘遗址中能见到密集的车辙,宽度在1.35到1.4米之间。官府和私人都开辟有放置车辆的车坊,私人车坊经营车辆租赁业务,是当时一种重要的营利行业。官府遇有重大运输任务，在官车不足的情况下也要从民间雇佣车辆，一般雇价是每天绢3尺，或一里35文钱。宋代缺马，拉车多用牛、驴或骡，传世的宋代绘画中经常可以见到牛车和驴车。大型的运输车辆称为"太平车"，要用驴、骡20余头或牛5至7头拉动。元朝草原上的蒙古人对车的使用也非常频繁，如上文所述，用于装载宫帐的大型牛车，要用22头牛。一般的中小型车辆，种类更多。作为"逐水草迁徙"的游牧民族，车辆对他们具有更加重要的意义。

旅舍有官、私之分。唐代官办的旅舍又分为驿和馆。按照唐朝后期人杜佑的说法，设在交通要道上的官办旅舍为驿，"其非通途大路则曰馆"。但大约只是最初的制度规定，实际上根据史料来看，设在大路上的馆也很常见。准确地讲，驿不仅仅是官办旅舍，应当称之为官办的出差人员接待站。必须持有严格发放的凭证，才能得到驿的接待，这些接待不仅包括食宿，还包括提供交通用具，如马、车、船等。相比之下，馆的使用要宽松一些，可能具有一定程度的商业性质。唐代的驿规模比较宏大，设施齐备，有很多驿环境优美，建有亭台园池，往往被诗人作为咏景的素材。明末清初人顾炎武曾感叹说，后代的驿同唐驿相比，只能算是囚犯居住之所。但到唐朝后期，由于乘驿凭证发放过滥，各地的驿不堪重负，渐趋破败。唐代私人旅舍也很发达，通常称为店，其设置比较灵活，有的设在驿旁，接待无权住驿的客人，有的设在驿和驿中间，起到驿的补充作用。不少旅店除为客人提供食宿外，还出租以驴为主的交通工具。普通平民出行，主要都是投宿这类私人旅店。还有一种地方起到旅店的作用，即寺院或道观。在元稹的传奇小说《莺莺传》中，崔莺莺一家在由长安回乡途中，就借宿于蒲州的普救寺。

宋元两朝的旅舍情况，大致与唐代相去不远，既有四通八达的官驿，又有星罗棋布的私店。值得一提的是南宋出现了卖给旅行者的交通地图。一个位于驿路之上、叫白塔桥的地方，专门销售《朝京里程图》，去往都城临安的人纷纷购买。有人因而写诗讽刺说："白塔桥边卖地经，长亭短驿甚分明。如何只说临安路，不数中原有几程？"

二 风俗与娱乐

（一）婚姻

据儒家经书记载，婚姻由拟议到完成，从男方角度要经过六道程序，称为"六礼"。具体包括纳采（送礼求婚）、问名（询问女方姓名和出生年月）、纳吉（送礼订婚）、纳征（正式下聘礼）、请期（议定婚期）和亲迎（迎娶新娘成婚）。这六道程序在汉代以下基本成为固定仪式，但由于其中的具体内容比较烦琐，因此在实际执行时通常有所简化。就唐宋时期而言，纳采、纳征、亲迎是必须的三个程序，问名、纳吉、请期则次要一些，往往被简省或与另外三个程序合并。到南宋，相传由朱熹撰定的《朱子家礼》即将婚姻分为纳采、纳币（即纳征）、亲迎三个步骤。元世祖至元八年（1271），元朝政府颁布婚姻条例，在《朱子家礼》基础上又将婚姻程序分为七项，即议婚、纳采、纳币、亲迎、妇见舅姑、庙见、婿见妇之父母。其中，议婚是从纳采当中分出来的,妇见舅姑、庙见、婿见妇之父母则是成婚后的补充仪式,其核心仍然是纳采、纳币、亲迎三项。

纳采是婚姻的准备。一般来说,婚姻都是"父母之命、媒妁之言"的结果。因此婚姻的准备阶段,要由男方家长委托媒人携带礼物,前往女方家中提亲。女方家长如果同意,则两家互换"定帖",其上写明男女年龄、生辰、父母情况及聘财、陪嫁数目,表明已就婚姻初步达成协议。在有些场合,婚姻协议阶段还包括相亲仪式。北宋孟元老《东京梦华录》和南宋吴自牧《梦粱录》都载有相亲的过程,由男家赴女家(或在约定地点)见面,如果男家中意,就用一根金钗插到女子头发上,称为"插钗"。不中意,则送给女方彩缎两匹,称为"压惊",婚姻就此取消。总的来说,相亲时选择的主动权在男方。

在婚姻准备过程中双方的决策家长,称为主婚人。如果婚姻的缔结违反了有关法律规定,就由主婚人承担主要责任,结婚的男女双方基本上可以不受惩罚。媒人的牵线搭桥也是必需的,《唐律疏议》即云:"为婚之法,必有行媒。"如果出现违法婚姻,媒人也要承担连带责任。元朝规定,媒人的身份必须经过官府认可,应由基层管理人员保举"信实妇人"充任。

纳币(纳征)是婚姻的正式确定。男方按照婚书议定的数目向女方缴纳聘礼,女方通常也酌情回赠礼物。婚书的写定在这个阶段非常重要,以后双方一旦出现纠纷,就会成为官府主要的审判依据。即使双方未曾写定正规婚书,只要女方接受了男方的聘礼,即表明婚姻已经确定,国家法律会予以监督和保护。聘礼名目不一,据杜佑《通典》记载，汉代聘礼名目多达30种，每种礼物都具有特殊的象征意义，寓意夫妇生活美满，婚姻久长。隋唐以下，聘礼的名目已经明显简化，虽仍包括象征寓意的物品，但更主要的是显示经济价值。宋代习俗，男方下聘礼给女方，女方回礼，都会详细开列礼品清单，标明种类、数量、质料。元代则由政府出面，以元初发行的中统钞为单位，制定了聘礼数额的等级标准。一品到九品官的家庭娶妇，所下聘礼从500贯到120贯不等。一般平民则根据家庭经济情况，上户100贯，中户50贯，下户20贯。这个标准并非强制执行，而是参考性的。只要男女两家能够达成协议，聘礼超出或不足法定标准，也没有关系。宋元时期，聘礼除钱财外，一般都包括首饰、绸缎等物，习惯上还应该有羊和酒。

亲迎是正式的婚礼，标志着婚姻的完成。其中的具体仪节、程序十分复杂，择其要者简述于下。

亲迎的含义，是由新郎迎接新娘归家成婚。新郎出发前要在家中祭告祖先，然后在傧相、媒人等陪伴下前往女家。到达女家后，行"奠雁"之礼，即献上一只大雁作为见面礼，取"守节"、"妻从夫"之意。因雁不易得，有时也用鹅来代替。新娘梳妆打扮，拖延不出，表示对父母的眷恋。男家迎亲队伍因此要采取叫喊、念诗、奏乐等方式催促新娘出门，称为"催妆"。出门之前，父母要对新娘说一些劝勉训诫之辞，然后用一块方形巾帕盖在新娘头上，称为"蔽膝"，也就是后世的盖头，到达男家正式举行典礼时才能由新郎揭去。唐代迎接新娘用车，宋代以下用轿，因饰以红花彩缎等物，俗称花轿。车、轿起程时或起程后，女方家人、亲属及围观者会阻拦行进，求取钱财礼品,不让迎亲队伍顺利到达男家,称为"障车"。障车的本意是表达女家对新娘的惜别之情,有一些固定的仪节,对峙双方往往念诗应答。在有的场合,它可能变成邻里无赖勒索财物的手段,以至引发冲突,因而唐、宋、元三朝均曾明令禁止,但并未真正禁绝。宋元时期的亲迎之礼还有一个重要的前奏,即女家在前一天到男家布置新房,铺陈帐幕被褥等物,称为"铺房",通常成为女家夸耀嫁妆的一种方式。

迎亲队伍到达男家,从车、轿上下来的新娘步履不能着地,要踩着铺在地上的毡席走进男家。席短路长,需一路转移接铺,称为"转席"或"传席"。这样做的原因,据说是为了避免冲犯鬼神。入门之后,新娘的盖头被掀开,与新郎行拜堂之礼。然后司仪致祝词,同时用果实、花草、钱币等物向新郎新娘抛洒,以示祝福,宾客则争相拾取,气氛热烈,这个仪式称为"撒帐",是婚礼的高潮。接下来则是合卺与合髻。合卺,即新郎新娘饮交杯酒,两杯以彩线联结,先饮一半,换盏再饮,表示共同生活的开始。合髻则是将新郎新娘的头发各剪下一缕,合梳成髻,留为信物,象征白头偕老。

按照儒家经书所述古礼,新娘到男家成婚三日以后拜见舅姑,三月以后行"庙见"之礼,拜谒男家祠堂或祖先牌位,这样才算正式成为新的家庭成员。《朱子家礼》和元朝婚姻条例则规定,成婚次日拜见舅姑,三日后庙见。但对于普通民众而言,往往将"妇见舅姑"、"庙见"两道程序与"亲迎"中的拜堂之礼一并举行,也就是后世所谓一拜天地祖宗,二拜父母高堂,三夫妻对拜。宋、元两代民间类书所述婚姻程序,以及戏曲、小说中反映的婚姻场面,大体都是如此。这样做的好处是程序简单紧凑，又增加了婚礼本身的热烈程度。至于"婿见妇之父母"，不可能在婚礼中举行，是一项单独的活动，可能安排在婚礼次日，或是相隔三五日乃至更长时间，就没有一定之规了。

以上所述为隋唐至明前期汉族社会的一般婚姻习俗。在蒙古族建立的元代，北方民族婚俗一度在社会上产生较大影响，一个重要表现就是收继婚的流行。收继婚是古代许多民族发展早期阶段出现过的一种婚俗，指寡妇由其亡夫的子（其他妻妾所生者）、侄、兄弟等亲属收娶为妻。在蒙古族习俗的影响下，元朝政府在相当长时间内允许并鼓励汉人子收父妾和弟收兄嫂，收继婚也因而成为元代汉族寡妇再嫁时合法甚至优先的一种婚姻形式。不过到元朝后期，朝廷已明令禁止汉族社会中的收继婚。另外蒙古实行一夫多妻制，与汉族的妻妾制不同，诸妻虽有次序之分，但地位没有明显的尊卑差别。这一习俗对当时的汉族社会也有一定的影响。

（二）丧葬

从隋唐到明前期，朝廷规定的基本丧葬礼仪，包括殡殓、治丧、服丧等环节，仍然遵循《仪礼》等儒家经书的有关记载，没有明显的变化。关于服丧期间必须遵守的一些行为规范，还正式载入了国家法典，一旦违反就会受到刑事处罚。另一方面，在社会上实际的丧葬活动中，也有不少为经书所无的内容，打上了特定的时代烙印。

按照制度规定，丧葬礼仪具有严格的等级性，体现尊卑贵贱之分，不容逾越。连死亡的叫法都有区别：皇帝之死称"崩"，三品以上称"薨"，五品以上称"卒"，自六品下至平民称"死"。皇帝的墓则专称为"陵"，唐、元两朝帝陵较有特色。唐代大部分帝陵都采取"依山为陵"的建造方法，气魄宏大，尤以唐高宗、武则天合葬的乾陵为最。乾陵位于陕西乾县西北的梁山，海拔1047.5米。陵区建有内、外两城，外城据载周长约80里，遗迹已不可寻。内城轮廓尚存，面积达到229.3平方公里。由墓门下到地宫的斜坡型隧道，长63米有余，宽近4米，将数千块石条用铁水灌注，完全封死。其规模之巨，封闭之严，在古代帝陵中首屈一指。元代帝陵则受到古代蒙古族特殊葬制影响，地面上不留坟冢、碑记等标志物，严格说来不能称为"陵"。皇帝死后，一律送到漠北墓区深埋，埋毕用马踏平，待草长之后解严，地面毫无遗迹。这种"保密"的埋葬方式，与中国古代其他王朝的帝王盛修陵寝的做法大异其趣。也正因如此，元代君主的墓地到现在全都没有发现。

尽管有等级制度的限制，但随着社会经济的发展，厚葬之风仍然相当盛行。唐高宗时宰相李义府改葬祖父，从长安附近8个县征发人夫车牛，大兴土木。下葬时王公百官都赠送葬仪，祭奠活动绵延70里。宋仁宗的幼子赵昕去世，其坟墓动用人工数十万，耗资50万贯。统治集团的奢侈之举影响到整个社会，一般官民争相仿效，渐成风俗，往往将治丧视作显示排场、夸富争胜的手段，即使倾家荡产，也在所不惜。在财力不足的情况下，可能就会停殡不葬，有拖延数年甚至十数年者。出殡之时，送葬队伍浩浩荡荡，陈列仪仗鼓吹，有哭有唱。行至要冲之地，则由死者的亲朋好友撑张帷幕，陈设几案，备办祭品，举行道祭。中等以上的城市里，通常都有出售

图 60 唐三彩镇墓兽

和租赁丧葬用具的店铺,称为"凶肆",其中还提供执办丧葬礼仪、哭丧、唱挽歌等人工服务。农村居民办丧事时,多采取"结社相资"的互助方法,否则,高昂的丧葬费用是一般农户难以独力承受的。历代朝廷均曾一再颁发命令,要求禁断厚葬之风,许多有见识的士大夫也针对厚葬现象发表过尖锐的批评,不过总体而言收效不大。

厚葬的一个重要表现是随葬品的丰富,其中既有实物,也有明器。明器是专为随葬而制作的各种实物模型,制成人或动物形状的亦称俑。唐代著名的施釉陶器"唐三彩",即被大量用于制作明器。(图60)按照法律规定,随葬明器的种类和数量也有等级限制,但实际上很难得到严格遵守。明器自古有之，隋唐宋元时期值得一提的是两种特殊的明器：纸钱和买地券。纸钱是纸制明器的一种主要类型。随着造纸业的进步，纸制明器的使用越来越普遍，它们并不随葬，而是用来焚化。不仅在下葬时焚化，以后的祭祀、扫墓活动，也都会焚烧大量的纸制明器，尤以纸钱为多。史称烧纸钱的习俗，起自唐玄宗时人王玙。纸钱主要有黄、白两类，在阴间分别代表金银，而且据说一定要经过凿眼或剪孔，才便于它们在阴间的保存和使用。宋代城市中已有专门制造和销售纸制明器的店铺，称为"纸马铺"。当时许多士大夫认为，纸制明器虽不合古礼，但较之使用其他明器甚至实物更为经济，因此多予提倡。买地券是模仿地契的随葬品，通常用砖石、木板或金属制成，上面刻有文字，写明墓穴及其周围地段已由死者买下，其他鬼魂不得侵犯其所有权。买地券的出现很早，在隋唐宋元时期土地私有制日益发展的背景下，其使用更加普遍。

　　起源于前代的相墓术，在隋唐以下极为流行。人们普遍认为先人坟墓的风水直接关系到后辈的命运，"殡葬实能致人祸福"，"一事失所，祸及死生"。因此在为死者选择墓地时十分慎重，要请阴阳家观测地形和环境，力求选得"吉地"，保佑子孙后世平安、发达。唐初，讨论相墓术的"葬书"已有120家，"各说吉凶，拘而多忌"。《古今图书集成·艺术典·堪舆部》列名的宋代相墓名家，亦有43人之多。从环境美学和建筑规划理论的角度看，相墓术有一定的合理成分，但其中将墓地的地理位置、山川形势、土壤质地与死者子孙和家族的盛衰祸福直接联系起来，就完全属于迷信了。这样的迷信思想在社会上却大有市场。有的人死后，其子孙为寻找吉地，长期停殡不葬，还有的"既葬以为不吉"，又掘出棺木改葬，至于再三再四。为争夺吉利的"风水宝地"，人们不惜重金，哄抬高价，还往往发生诉讼纠纷，甚至大打出手，酿成命案。与相墓术选择"吉地"相联系，挑选"吉日"下葬同样非常重要。民间使用的历书通常都会写明某日宜于殡葬，某日不宜，其实也没有多少根据。

自南北朝时起，社会上的丧葬习俗开始受到佛教影响。隋以后，这种影响愈加明显。例如在许多地方，从死者去世当日开始，七七四十九天之内，丧家要7天一次斋僧、诵经，共行7次，称为"七七斋"。按照佛教的死生轮回观，人死后要投胎转生，从死亡之日算起，最快者7天即可投胎，若7天期满未得生缘，即须再等7天。最多到七七四十九天，必定完成转生。死者家属在这49天内分期斋僧念经，目的在于替死者消弭恶业，使其投胎到良善富贵之家。这样，七七之日与儒家丧葬习俗中的百日（亦称"卒哭"）、期年（一周年，亦称"小祥"）、再期（两周年，亦称"大祥"）、除丧（服丧期满）共同成为重要的纪念日。在这些纪念日，死者家属往往还会举办大规模的水陆法会，亦称水陆道场，诵经设斋，礼佛摆忏，有条件的甚至写经造像，修建塔庙，以求超度亡灵。法会上鼓乐齐鸣，声震遐迩，这与儒家礼俗丧葬不用乐的原则是相违背的，因此受到许多士大夫的批评。

与儒家礼俗相去更远的是火葬之俗。佛教僧尼死后通常火葬，这一做法逐渐影响到俗世。宋代火葬相当盛行，据估计可能占到死亡总数的10%—30%。大约在晚唐五代的社会长期动乱当中，死者"入土为安"的传统观念受到冲击，往往营葬从简，于是佛教火葬之俗逐渐流行，到宋代竟有蔚然成风之势。火葬的做法遭到士大夫的激烈反对，朝廷也多次颁布禁令，但始终是禁而不止。火葬流行一则与死者的佛教信仰有关，再一个原因可能就是人口增长导致有些地区人多地少，地价昂贵，无力置地营葬的穷人因而选择火葬。元朝是一个多元民族的社会，许多少数民族原有火葬之俗，因此朝廷只禁汉族火葬，对其他民族不加干预。实际上对汉族的禁令也往往是徒具形式。元杂剧中有许多地方提到火葬，就是现实的反映。

（三）竞技

隋唐到明前期，社会上的娱乐活动十分丰富。这里主要介绍一下这段时期竞技类的娱乐活动。其中，最重要的有球类、角力类、棋类三大类型。

最流行的球类运动是马球。马球是一项对抗性很强的运动，双方选手骑在马上用球杖击球，力争将球打入球门。所击之球一般用木料制成，如拳头大小，中间掏空。球杖也用木料制成，长数尺，头部形似月牙，形状类似于今天的冰球杆。马球比赛大体有两种，一种设单球门，一种设双球门。参赛人数没有严格规定，但两队一定要穿不同颜色的队服，以示区别。一方将球击入球门就算得一分，比赛结束后累积得分多者获胜。这项运动的要点是骑术与球艺相结合，对所骑马匹的要求也很高，必须是经过专门训练的良马。

马球在中国出现的时间说法不一，但在唐代已经盛行于世。当

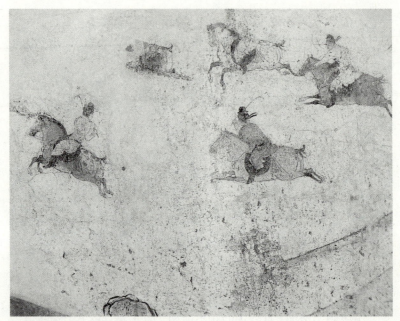

图 61 唐章怀太子墓《马球图》局部

时的许多墓葬都出土了骑马击球俑,有的墓里还有打马球的壁画。(图61)长安大明宫西壁外的一处殿堂遗址出土刻有"含光殿及毬场等,大唐大和辛亥岁乙未日建"的碑石一方,应属于唐代专门修建的球场。不少皇帝迷恋马球运动,唐宣宗能在空中击球百次不落,唐僖宗自称可以中马球状元。宋代马球被当做军事训练的重要内容,每遇重大节日,军队都要举行马球比赛。南宋孝宗立志收复北方失地,经常在宫中打马球,以示不懈武备。在元代,打马球是宫廷每年都要举行的大型运动,一般在端午、重阳两节日进行。直到明朝前期,仍有端午节打马球的习俗。

以足踢球的运动出现更早,古代称为蹴鞠。蹴鞠所用的球与马球不同,是用皮革制成的。唐代改过去充填绒毛的实心皮球为充气的空心皮球,更加轻便和富有弹性,可以踢得更高、更远。当时的蹴鞠比赛,设有相对的两个球门,由两队选手角胜,力争将球踢到对方球门里,相当接近于现代足球运动。以个人为主的踢球技艺比赛也很盛行,主要是比颠球次数和踢球高度。宋代对抗性的蹴鞠比赛与唐代有所不同,主要是单球门制,亦称"筑球"。球门位于球场中线,支架结网,中间留洞。两队隔网比赛,将球穿过网洞踢向对方场地。这样,身体互不相撞,激烈程度下降了不少。个人蹴鞠技艺比赛则变得更加复杂,踢球者可用足、腿、膝、肩触球,按踢球花样的复杂性和动作难度大小比出高低。这项运动爱好者众多,社会上涌现出不少蹴鞠高手,还出现了专业的蹴鞠表演团体,叫做"齐云社",又名"圆社"。《水浒传》中的高俅,就是凭借高超的蹴鞠技艺获得宋徽宗赏识,后来平步青云。传世南宋画家钱选的《蹴鞠图》,生动地描绘了宋太祖、太宗兄弟与赵普等近臣共同踢球的场景。元代民间日用百科类书《事林广记》中,不仅绘有《蹴鞠图》,还详细记述了蹴鞠的种种规则和技术。

角力类型的竞技主要有摔跤和拔河。摔跤在古代称为角抵。唐代许多皇帝都喜欢观看角抵,常在宫中举办角抵比赛。军队中也将角抵作为一种军事训练项目。民间的角抵比赛,则多在上元(正月十五)、中元(七月十五)举行。宋代角抵亦称相扑。军队中有一批职业摔跤手,称为"内等子",每遇朝廷的重要节日,他们的摔跤表演都是一个重要的观赏项目。民间也有不少人以从事摔跤表演谋生,一些高手开场卖艺,设置"利物",用打擂台的方式招揽看客。甚至有不少妇女从事这项运动。宋仁宗就曾因为观看女子相扑,受到大臣司马光的批评。在元朝,摔跤本来就是蒙古族的传统竞技项目,因此更为活跃。蒙古大汗在宫中举办的摔跤比赛,还有来自中亚、西亚的选手参加。

拔河古称"拖钩"、"牵钩",唐代始有拔河之名。当时拔河用的麻绳,长达四五十丈,两边各系小绳数百条,可供成百上千人举行比赛。唐中宗曾举办三品以上高级官员的拔河比赛,他本人与后妃、公主在旁观看取笑。唐玄宗则写过题为《观拔河俗戏》的诗。

棋类竞技中最重要的是围棋。围棋出现的时间很早,到唐代空前兴盛,宫中专门设有陪皇帝下棋的"棋待诏",还有专人负责教授宫女围棋。在吐鲁番阿斯塔那唐墓出土的"弈棋图"绢画上,一位女子用中指和食指夹着一枚棋子作欲放置状,认真的表情栩栩如生。(图62)考古发掘也多次出土了唐代的围棋用具。宋、元两朝,城镇中茶肆兴盛,往往备有围棋棋具,以备顾客消遣。宋代出现了名为《棋经》的围棋理论专著,将棋艺水平分为入神、坐照、具体、通幽、用智、小巧、斗力、若愚、守拙九品。宋人李逸民编纂的《忘忧清乐集》是现存最早的一部古代棋谱集。元人则编纂了另一部重要围棋著作《玄玄集》,其中收录了378个棋势图,反映出当时对棋艺的探讨已经达到相当深度。

中国象棋的定型要比围棋晚很多。它起源于古代的"六博"棋,经不断发展变化,到唐代已渐具今天象棋的雏形。南宋时完全定型,棋盘以河为界,分9路,双方各16子,包括子的名称,皆与今天相同。宋末民族英雄文天祥,就是一位酷爱下象棋的高手。位于内蒙

图 62 唐"弈棋图"绢画

古宁城的元代大宁路遗址,曾出土一副铜制的象棋子。当时的民间类书《事林广记》收录了象棋开局两种、残局一种,是今天所能见到最早的象棋棋谱。

(四) 节日

隋唐到明前期的民间节日名目繁多。其中一部分现在仍然保存，还有一部分则随着时间的推移逐渐湮没了。

百节年为首，一年之中最重要的节日自然是阴历新年。阴历新年在古代一般称为元旦、元正或元日，今天则称为春节。古代过春节的习俗，包括除夕守夜、新春拜年等，都与今天相近。人们燃放爆竹，以驱邪恶。将两头有节、完好无缝的竹筒用火点燃，因其中的空气受热膨胀，竹筒爆裂，发出噼噼啪啪的声响，故称爆竹。宋朝时，开始用多层纸张密裹火药，充当爆竹的代用品，发展为今天的烟花鞭炮。古人还习惯于用桃木制作桃符，悬挂门首，用以辟邪。五代十国时的后蜀皇帝孟昶，命学士题写对联代替桃符，以示庆贺、祝福之意，他本人还创作了"新年纳余庆，嘉节号长春"的名联，成为后世春联的开始。

春节前后的节日十分密集。节前的腊月二十三或二十四日是"祭灶日"，据称灶神是天帝派往民间的监护神，腊月二十三或二十四就是他每年上天汇报工作、言人善恶的日子，因此要用食物祭拜。这一天也被称为"小年"。节后的正月初七日，俗称"人日"，民间习惯上剪彩纸为人、或制作人像形首饰互相赠送。立春一般也在春节前后。宋代以下，人们在这一天用泥土、纸、草等扎制"春牛"模型，地方官员用鞭敲击春牛，象征春耕开始。皇帝往往也在宫中举行这一仪式。立春时人们还用蔬菜、果品、饼置于盘中进食，称为"春盘"，这是后代春饼、春卷等食物的起源。

正月十五日即今天的元宵节，在古代还有上元、元夕等名称。它是一年中第一个月满之夜，被视为吉日，有燃灯、观灯的习俗，因此亦称"灯节"。燃灯、观灯活动规模很大。隋炀帝时，借元宵灯节之机，在东都洛阳举行艺术表演大会，邀请邻国和周边民族使节均来出席，观者多达数万人。宋代灯节从正月十五开始，京城持续五天，外地三天。平常少出家门的妇女，也与男子一样成群结伴，夜游观灯。宋词中有这样的描述：

去年元夜时，花市灯如昼。月上柳梢头，人约黄昏后。
今年元夜时，月与灯依旧。不见去年人，泪湿春衫袖。

由于平时异性接触不很方便，元宵节就成为青年男女谈情说爱的难得机会。

阴历二、三月的节日，主要有寒食、清明和上巳。寒食为每年冬至后一百零五或零六日，其后一或二天便是清明。寒食相传是春秋时晋国大臣介之推的忌日。因为介之推被火烧死，所以后代在这一天禁止生火做饭。唐代寒食发展成祭祀亡灵的日子，这天要禁燃烟火，备好熟食，到亲人坟墓去祭扫。接下去的清明，各家重新点火，开始新的生活。寒食、清明期间的娱乐活动很丰富，大家往往借扫墓之机到野外郊游踏青，荡秋千，放风筝，享受春天的美好景色。到宋代，扫墓活动由寒食移到清明。以后寒食节渐渐消亡，禁止生火的风俗也不再遵守了。上巳节原指每年三月的第一个巳日，古人在这一天要到水边祭祀并沐浴，以求除灾去病。曹魏时将上巳固定在三月初三日，到唐代已演变为一个春游的节日，不过仍是以在水边为主。杜甫《丽人行》诗："三月三日天气新，长安水边多丽人。"写的就是杨贵妃的姊妹在上巳节出游的场景。元代大都地区的风俗，人们在这一天将捆扎好的秸秆投入水中，象征着脱离贫穷，祈祷生活富裕。

阴历四月八日是浴佛节。传说这一天是佛祖释迦牟尼的生日，寺院要举行法会，邀请善男信女出席，以香料泡水灌洗佛像，故称浴佛节。善男信女们还在这一天举行放生大会，购买鱼、鳖等动物放生。接下来就是五月五日的端午节，有吃粽子、赛龙舟等风俗，现代仍然留存。古代的人们在这一天还会采集艾草悬于门上，并在手臂上缠绕红线，据说是为了驱除夏季的毒气。

阴历七月的节日有七夕节和中元节。七夕节即七月初七，传说是牛郎、织女一年一度在天河相会的日子。唐玄宗和杨贵妃的海誓山盟，因而也被诗人放在七夕之夜的背景下："七月七日长生殿，夜半无人私语时。在天愿为比翼鸟，在地愿为连理枝。"民间习俗，妇女们在七夕夜晚陈列瓜果祭拜牛郎、织女，取五色线，对月穿七孔针（一作九孔针），向织女乞求巧艺，称"乞巧"。因此七夕节又被称为乞巧节。中元节是七月十五。民间相传，每逢七月，阴间孤魂野鬼都要到阳间找东西吃，因此要对它们进行祭拜，祭拜时间就定在十五日。道教吸取了这个传说，又称地官清虚大帝要在七月十五日到凡间考察人们的善恶，也要加以祭拜。因此到这一天，都要诵经作法，举行祭拜仪式。佛教则将这一天定为"盂兰盆节"。盂兰盆的典故出自佛祖的弟子目连救母于地狱的传奇故事，寺院在此日同样会举行大规模的法会，超度亡魂，追奠死者。在传统民俗与佛、道两教影响下,七月十五成为民间一个盛大的节日,后世亦称之为"鬼节"。

八、九月的重要节日是八月十五中秋节和九月初九重阳节。中秋节在今天仍然是民间的重要节日。中秋赏月的习俗,最晚在唐代已经出现了。这一天秋高气爽,月亮正圆,人们看到圆月,就会想起与亲友的团聚。唐诗中即有不少中秋望月、思念亲友的作品。吃月饼的习俗大约始于宋代,南宋末年周密的《武林旧事》一书中专门提到了月饼。重阳节早在汉代即已成为民间重要节日。古人以九为阳数,故名九月九日为重阳。这一天有登高、折插茱萸、赏菊、饮菊花酒等习俗,隋唐宋元诸朝均大体沿袭。

冬天的节日相对较少,比较重要的是冬至。这一天白天最短,但却是冬尽春回的开端,故杜甫诗云"冬至阳生春又来"。古代王朝大多将冬至定为官方假日,大臣们要在这一天向皇帝行朝贺之礼,皇帝南郊祭天的典礼也往往安排在冬至。朝廷还要在冬至颁发下一年的年历。再一个节日就是十二月初八,俗称"腊八"。腊八是年终祭祀百神之日,寺院在这一天煮粥供佛,也用以布施给信徒,就是后来民间普遍食用的腊八粥。人们纷纷开始采办年货,因为新的一年马上又要到来了。

后记

本书是在袁行霈等主编的《中华文明史》(北京大学出版社，2006年)第三卷部分章节的基础上改编而成的。用于改编的章节主要是原书第二章《丝绸之路与中外文化的交流》第一、二节（齐东方撰）、第三章《经济的繁荣与经济重心的南移》（王小甫撰）、第九章《中外关系史的新篇章》（张帆撰）、第十章《世界领先的科技与科学观念的发展》（张帆撰），以及第十三章《多姿多彩的社会生活》第一、二节（齐东方撰）。各部分改动程度不一，其中有关经济和社会生活的部分改动较大。改写时重点参考了白寿彝总主编的《中国通史》相关卷册、《中国大百科全书·中国历史卷》的相关词条，以及中国社会科学出版社出版的《隋唐五代社会生活史》、《宋辽夏金社会生活史》、《元代社会生活史》。此外，还随时参考了史学界的一些专题研究论著。本书的插图，一部分选自《中华文明史》第三卷，另外又从陈高华、王永强等主编的《中华古文明大图集》中新选配了一部分。谨向以上所有成果的作者表示衷心感谢。错误之处，由我本人负责。

张 帆

2008 年 4 月